家庭中的
正面管教

日常教养难题的SFBT训练法

陈意文◎著

中国妇女出版社

图书在版编目（CIP）数据

家庭中的正面管教：日常教养难题的SFBT训练法 / 陈意文著. -- 北京：中国妇女出版社，2015.8（2025.4重印）

ISBN 978-7-5127-1092-4

Ⅰ.①家… Ⅱ.①陈… Ⅲ.①青少年教育—家庭教育 Ⅳ.①G78

中国版本图书馆CIP数据核字（2015）第106654号

家庭中的正面管教——日常教养难题的SFBT训练法

作　　者： 陈意文　著
插图作者： 吴晓莉　绘
策划编辑： 应　莹
责任编辑： 应　莹
封面设计： 尚世视觉
责任印制： 王卫东
出版发行： 中国妇女出版社
地　　址： 北京市东城区史家胡同甲24号　　邮政编码：100010
电　　话：（010）65133160（发行部）　　65133161（邮购）
网　　址： www.womenbooks.cn
法律顾问： 北京市道可特律师事务所
经　　销： 各地新华书店
印　　刷： 北京通州皇家印刷厂
开　　本： 150×230　1/16
印　　张： 14
字　　数： 140千字
版　　次： 2015年8月第1版
印　　次： 2025年4月第18次
书　　号： ISBN 978-7-5127-1092-4
定　　价： 29.80元

阅读档案

这是一本值得反复阅读的书，也是一本值得珍藏的书，请记录下你当下的情形。

贴一张你与孩子的照片吧！多年后再翻开这本书，一定会唤起你许许多多的回忆。

孩子的姓名________________

孩子的年龄________________

父母的姓名________________

购 买 地 点________________

购 买 时 间________________

父母的改变从何处开始？

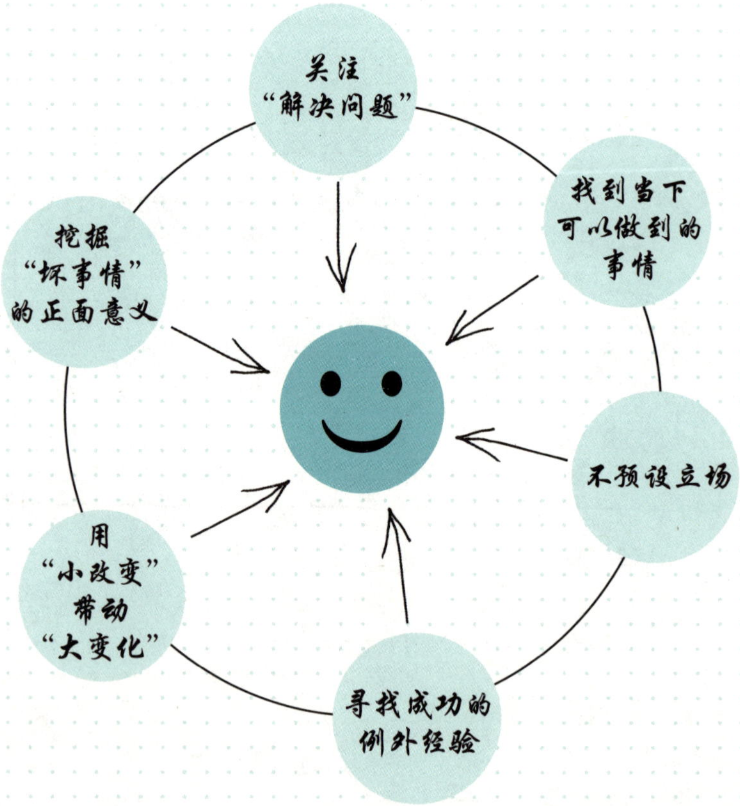
关注
“解决问题”
找到当下
可以做到的
事情
不预设立场
寻找成功的
例外经验
用
“小改变”
带动
“大变化”
挖掘
“坏事情”
的正面意义

孩子的改变从何而来？

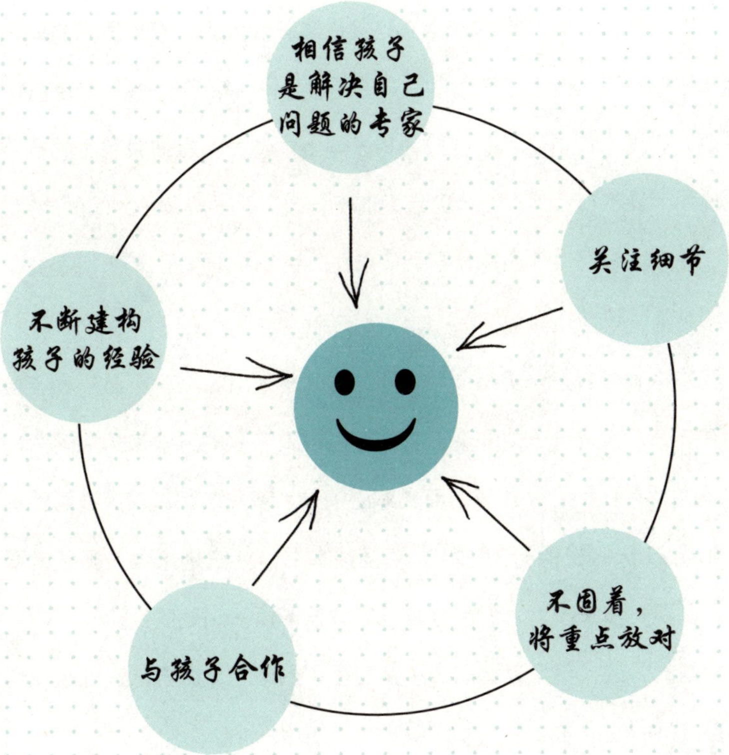

推荐

让更多的孩子发现生命的曙光

工作多年，常发现有些孩子充满负面情绪与挫折，因而产生了许多行为问题。很多行为问题的产生都是父母或其他大人没有用适当的方式与孩子进行对话所致。在家庭中，很多父母会将对孩子的爱转化成期许，这些期许如果运作得当，就会成为孩子向上的动力。但如果孩子的行为与家长的期许不符，父母就会因焦虑而责备孩子，造成亲子之间的冲突，这也造就了许多对孩子的行为不知所措与心情无奈的父母。

我想这本书就是一盏指引我们正确做法的明灯，我们不必一直花力气指责孩子，造成亲子的冲突，我们可以用更有效的方法来解决问题，这就是这本书所介绍的 SFBT。而更贴心的是，意文老师将艰深难懂的理论转化成 21 天轻松的行为指导。阅读这本书，就像是依着一幅藏宝图探寻，只要一步一步来，您就可以获得与孩子愉快相处的经验与正向的解决问题的方法，不只让您的孩子露出生命的曙光，您自己也可以找到属于自己生命的曙光。

我们都是当了父母才开始学习做父母的，开始永远不嫌晚。

台北市南湖小学校长　萧福生

SFBT 的生活实践者

2007 年的秋天认识了意文老师，那一年我是学校辅导室的“菜鸟”主任。每天面对带着各种“疑难杂症”在辅导室出现的学生，我总在思考如何让走进来的孩子微笑着走出去。这样的想法驱动我认真参加每个月的辅导主任专业成长课程，也就从这时开始接触了“意文老师的 SFBT”。

为什么说是“意文老师的 SFBT”？因为意文老师在课堂上的案例分享不是陈述原因结果，也不是强调咨询技巧的步骤或标准操作流程，她总是娓娓地把当初面对服务对象时心里的 OS（心理内在自我对话）清楚地还原在我们面前，里头经常还包含她生活中的许多画面。她会用自己与妈妈、先生、儿子甚或婆婆的各种情绪互动来构思自己与他人的沟通方式，充满了生活感与温暖。这些服务过程的反思也经常不着痕迹地返回她自己的生活里。

意文老师经常运用 SFBT 分析自己人生中面临的困难，与我们分享 SFBT 在帮助服务对象走过艰辛的同时，也在她的生命中带来多次峰回路转的喜悦。

“意文老师的 SFBT”帮助了许多人重新获得生命中的美好。谢谢她愿意把这些美好写进书里。我喜欢书里的一句话：没有一件事是只有负面意义的。相信借由这本书的出版，能让更多人找出自己生活中正面的能量。

台北市阳明山小学校长　黄耀农

展现父母功夫的好书

如果经过 21 天的学习，能够建立好的习惯，形成新的想法，让家庭更圆满，相信每一位父母都会迫不及待地想要寻找这份“武功秘籍”。

扮演父母角色总是让人既兴奋又烦忧。兴奋的是终于当了父母，对深受传宗接代观念影响的中国人而言，总算对祖先有所交代；烦忧的是 21 世纪的小娃儿可不是那么容易管教的，捧在手中怕他飞了，含在嘴里怕他融了——对孩子管教分寸的拿捏，确实令人头疼。减少亲子间的战争，建立融洽的亲子关系，是许多父母在教养路上的衷心期盼。

感谢意文心理咨询师愿意将她在实务工作中的经验整理出版。通过 21 天的学习，父母可以学到正向思考模式，学会以赏识的眼光看待孩子，让小细节、小改变形塑成大改变，建立好行为。

台北教育大学附设实验小学校长　林正凤

SFBT 改变人生

近 40 年的教育生涯中，每每在遇到孩子的教育问题时，我总是不断地想追根究底找原因，认为只要找到事情发生的原因，就能将事情处理得圆满，但却常常因为分析完问题后，发现原因复杂（家庭功能不彰、亲子或亲师关系不良、同侪关系与文化影响等），因无法着力而放弃。

直到 7 年前担任辅导主任工作时，有机会向意文老师学习 SFBT，并将之应用于学校与家庭中，不但改善了师生与生生的互动关系，促进了夫妻与亲子的和谐关系，也建立了学校同事间的尊重对话氛围，尤其是在面对问题时学会了情绪管理，更能平心静气地与人对话，得到身边许多亲朋好友、学生、同事的信任。

如今，透过意文老师对工作生活中实例深入浅出的分析，让我更深入理解如何以“陪伴而不是协助”的方式，鼓励孩子自己解决问题；如何以“尊重”他者的态度，支持孩子展现自己的独创思考；也更让我见识到“正向思考”与“SFBT 赞美法”的力量有多么强大。

这是一本透过思维的改变，产生行动的改变，进而形成新的行为模式的好书。21 天，改变看得见，每天一个主题，从案例出发到如何对话，再到主题的tips，尤其每篇结尾前的“即学即用ABC”，给读者最完整的学习与应用。我极力推荐此书，除值得为人父母与为人师表者珍藏阅读外，更值得所有希望具有良好人际关系的人珍藏阅读。

台北市士林区剑潭小学校长　邓美珠

导读

在心理咨询中，有一种非常有效且平易近人的方法，叫焦点解决法（SFBT）。它不仅能够帮助他人解决心理问题，还适用于家庭，可以协助孩子改善问题行为，使亲子教养变得容易。同时在这个过程中，父母也会发现，不但亲子关系变得融洽，自己也充满了正能量。那么，SFBT 到底是一种什么样的方法呢？下面是 SFBT 的 10 条基本精神：

1. 不要把力气一直花在"分析问题"或是"探讨问题"的原因上，重点是如何"解决问题"。

我的女儿是扁平足，医生诊疗发现遗传自爷爷。我是应该归咎于爷爷，还是赶紧订制矫正鞋垫，趁早治疗呢？当你把注意力放在"解决"上，就比较容易挖掘解决问题的潜能了。

很多时候，把力气和时间全花在找问题的成因上，不但徒劳无功，还容易使孩子养成推卸责任的习惯。因为在找原因的过程中，不免会追究"是谁造成这个问题的"。

2. 没有一件事情只有负面的意义。

所谓：塞翁失马，焉知非福！比如，我的儿子从小内向，他 3 岁时有一次上潜能课被小朋友欺负。借由此事，我们体会到学会"自我保护"的重要，于是送他去学跆拳道。直到现在，他已经坚持了 8 年，不但身体变好、骨骼强壮，也不再被欺负了！

3. 相信孩子是解决自己问题的专家。

每个人都是解决自己问题的专家，只是有时连我们自己都没有觉察自己的潜能。父母要当个经验丰富的引导者，带领孩子找到自己内在的丰富宝藏，拥有解决问题的能力，成为一个能够自己“捕鱼”[1]的人。

4. 不要一直追寻难以达到的目标，要找到目前就可以做到的事情。

每一位父母都对自己的孩子有着殷殷期盼，常常会设下过高的期待。这样不但容易伤害亲子关系，也会间接伤害孩子的自尊。父母可以运用一个个小目标，带给孩子解决问题的信心与动机。帮助孩子找到目前就可以做的事情，不但可以让他累积成功的经验，更能帮助他达到最终的目标。

5. 小小的改变会带来大大的变化。

事情永远都在改变中，只是有时我们没有将它辨识出来。小小的改变，甚至事情刚开始转变的“最初迹象”，经过不断累积，都可能带来多米诺效应。多问问孩子：“如果这个问题真的解决了，你会注意到的第一个不同是什么？”通过这样的问句，逐步引导孩子找到行动策略。

---

1 授人以鱼，不如授人以渔。

6. 成功的例外经验可以引导我们找到问题解决的方向。

一个孩子不爱早起。每天早晨，他都要跟妈妈进行“拉锯战”，双方都感到非常挫败。后来，妈妈发现孩子并非每天都晚起迟到，他在参加校外实践时不但不迟到，还可以自动自发地早起。于是，妈妈通过复制孩子期待上学的美好心情，以及让孩子再一次体验“可以不迟到”的自我掌控感，最终帮助孩子改掉了迟到的习惯。细心地与孩子讨论过去和现在相关的小小成功经验，是帮助我们解决问题的重要信息。

7. 孩子的自我认识是不断建构的。

我们可以通过不同的经验，来改变孩子对某人某事甚至对自己的看法。比如，迟到的孩子因为长期迟到，大家都叫他“迟到大王”。他也慢慢认为自己就是没法准时到校。但是，当他发现自己原来也有“早到”的经验时，他对自己的意义发生了转变——“我也可以准时到”。于是，他才有机会成为每天都准时到学校的孩子。父母多给予孩子正向的成功经验，孩子对自我的意义就会偏向良好。因为每个人对于自己的意义都是通过与他人的互动经验构建起来的。

8. 合作是必然的现象。

常常遇见一些父母抱怨孩子“不乖”“不听话”。归根究底，这其实就是孩子不与我们合作。做家长的请扪心自问，你每一次找孩子的时机都很恰当吗？例如，我发现我儿子看书时非常专心，如果这时请他做些别的事情，他就会不开心，也很容易顶嘴。但若先问他是否在忙，在了解了他的状况后再斟酌请他帮忙，他通常都很乐意帮忙。其实，只要和孩子一起找到共同的目标与方法，合作就会变成必然。

9. 如果没有用，就不要固着，做些别的；如果有用，就多做一点儿。

有些父母总是使用无效的方法处理孩子的问题，日复一日，直到亲子关系崩坏或是事情发展到难以收拾的地步才想要改变，甚是可惜。其实，在与孩子相处的过程中，若能将重点放对，放在问题的解决上，不但省时省力，还可以减少亲子摩擦。

10. 细节、细节，还是细节。

孩子放学回到家，脸色很难看，妈妈看见发问：“你是怎么了？这么不开心！”孩子回答：“还不就是豆豆……”妈妈连忙抢话：“什么？是不是豆豆又欺负你啦？我早告诉过你，别跟他玩儿，你就是不听……”只见孩子的脸色变得更加难看，拿了书包往房间去，只剩妈妈一人继续叨念。——这样的情景是不是经常可以见到？

细节是解决问题的关键。案例中的妈妈若能听孩子说完，并引导他说出事情的始末缘由，孩子的问题自然可以解决。父母要想听到细节，需要具备“倾听”和“将自己的想法放下”的能力。我经常发现父母在处理问题的时候，常无形中预设立场，无法静心注意孩子究竟想要传达什么。这样的情境，小则无法解决问题，大则伤害亲子关系。

目录

学习SFBT之前，你需要了解

测试你的思维方式.

思维方式测试题

Q1 A 在遇到问题时，我会一直想刨根究底，找到原因。 □
B 在遇到问题时，我不认为导致的原因是最重要的。 □

Q2 A 我十分相信因果循环。 □
B 我可以接受事情发生不一定有原因。 □

Q3 A 我认为只有找到事情发生的原因，才能将问题处理圆满。 □
B 我认为就算不知道事发的原因，也可以将问题圆满解决。 □

Q4 A 我相信这个世界上的每件事情都有标准答案。 □
B 我相信这个世界上有许多事情不一定有标准答案。 □

Q5 A 权威人士（父母、师长等）说的话一定都是对的。 □
B 权威人士有时也会犯错误。 □

Q6 A 孩子永远要听父母和师长的话。 □
B 孩子可以有自己的意见。 □

Q7 A 孩子不是进步就是退步。 □
B 孩子永远都在进步，只是进步的程度不同。 □

Q8 A 孩子的问题需要父母帮助解决。 □
B 只有当事者（包括孩子）才是解决自己问题的专家，父母只需倾听、协助。 □

Q9 A 我相信一步登天并不难。 □
B 我相信万丈高楼平地起。 □

Q10 A 我相信孩子不能夸赞，否则容易骄傲或过于自我。 □
B 我相信鼓励与赞美会让一个人发挥潜能，活得愈来愈好。 □

你发现了吗?

若你的答案多偏向 A，在处理事情时，你往往会先分析，寻找真正的原因，再思考相应的对策。这是一种偏向问题导向（Problem Focus）的思维方式。

若你的答案多偏向 B，在处理事情时，你往往会先确定解决的方向与策略，再寻找确实的目标与方法。这是一种偏向焦点解决导向(Solution Focus）的思维方式。

有没有哪一种思维方式比较好? 我认为是没有标准答案或应对方式的。

思维偏向问题导向（A）的人，在解决问题时，会先想：“为什么会发生这件事?”“这事件是谁造成的?”“这事情是从什么时候开始的?”“现在，有什么样的困境或症状?”……有时候，他们比较容易被问题本身困住，在问题中打转转。

实际上，我们从小到大所受的教育和积累的经验，都似乎引导我们偏向问题导向的思维方式。但是，我们都知道，人不是机器，任何问题都是没有绝对的答案以及因果的。而思维偏向焦点解决导向的人，则比较容易在困境中找到希望，进而找到解决问题的方向!

不同的焦点，不一样的结局

焦点是什么

焦点是我们常说的目光、注意力。一般人在遇到问题的时候，总是将焦点集中在问题本身上，进而产生一系列自动化的思维：

——这问题是怎么发生的？

——这问题发生多久了？

——是谁造成这个问题的？

……

这样的思维方式用在机械问题上会很有帮助，比如，车子坏了、空调不制冷了……我们只要找出问题背后的原因，就可以知道如何解决。

在生活中，我们总免不了要面对孩子的各种问题，小到爱发脾气、不听话，大到出现行为偏差，父母也总免不了用修理机器的思维方式来思考解决孩子的问题。比如，当孩子早上赖床不起时：

——是不是昨天太晚睡了？

——怎么天天起床都这么困难？

——是不是对孩子的教养太过于松散、宠爱，让孩子一点儿都不精神？

……

这些都是以问题导向为焦点的思维方式。但是，在面对孩子的问题时，我们会发现有些问题真的找不出原因，不但如此，还可能耗费掉了过多的时间、精力，导致徒劳无功，增加了亲子间无谓的摩擦！

人不是机器，人的问题与人际关系远远比机械问题来得复杂且多变，若我们能将焦点稍稍调整一下，则会产生很多意想不到的变化。还是以孩子赖床叫不起为例，如果我们注意到：

——什么时候孩子一叫就起来?

——什么时候孩子比较容易早起?

——那时候，他是什么样子的?

——他是怎么做到的?

……

这种思维方法更关注每个人的优势和他所拥有的内部资源与外部资源，比如，孩子的优点、长处、特质，以及任何可以帮助他解决问题的人、事、物等。这是一种集中于解决问题的思维方式。

运用这种思维方式，可以让我们不只注意到孩子晚起的时候，同时也能注意到孩子也有早起的时候。如此一来，父母与孩子间的谈话势必不会只聚焦在“他为什么做不好”“为什么没有做到”等失败之处，而转为“他有时也能做好”的成功经验或例外经验上。之后再与孩子谈话，亲子气氛不仅会比较亲和，孩子也比较容易有自信。当孩子比较自信时，容易产生“我能感”，进而主动解决问题。由此可见，不同的焦点会带来不同的结果。

SFBT——焦点解决法

焦点解决法的英文名称是 Solution Focused Brief Therapy（简称 SFBT）。

SFBT 是一种什么样的方法呢？

- 它是一种以问题解决为目标的思维导向。
- 它重视问题解决的行动。
- 它努力寻找问题不发生或是问题没那么严重时的例外情况。
- 它极度愿意相信当事人的能力。

“我们可以做些什么去处理当下问题，让问题不再继续？”

取代以前的：

“问题发生的原因是什么？”（忽略当下问题的解决。）

了解孩子的发展状况

身为父母，必须先行了解孩子。若只以“每个人都曾经当过孩子”的想法来理解他们，势必无法很好地帮到孩子，也无法建立相互信任的亲子关系。因为虽然我们都曾经当过孩子，但那毕竟是从前的事情，而且环境也发生了变化。

我在做心理咨询时就曾遇见很多孩子因为不良的成长环境，带来了许多不能理解和无法想象的价值观。因此，以下将介绍了解孩子的最重要的两部分内容——生理发展和心理发展。

生理发展

1. 儿童阶段

影响儿童身体发展的因素包括先天素质和后天环境。先天素质是由遗传基因和胎儿发育过程的环境因素之间复杂的相互作用决定的，后天环境主要是指儿童生长过程中的营养、睡眠和运动等。

①营养

儿童在经过了婴儿期的第一个生长高峰以后，逐渐进入平稳发展的阶段，身体以稳定的速度发展。多数孩子体重每年会增加约 4 千克，长高 5~8 厘米。为了维持身体的发育，儿童必须吃更多的食物，因此营养特别重要，尤其是早餐，更是占了一天热量的 1/4。若不吃早餐，容易致使孩子不专心，甚至影响学习。

根据美国的研究显示，孩子的智力除了与遗传基因以及后天开发程度有关外，最重要的还是脑细胞的多少和大小。而脑细胞的多少和大小则与营养有着直接的关系。例如，缺铁性贫血会导致儿童注意力不集中，影响智力发育。现在，有些父母经常给孩子吃快餐与零食。这些食物多半在口味上投孩子所好，但无法提供充足的营养。此外，要是一天喝超过一杯的含糖饮料，不仅会造成肥胖问题，还会导致孩子长不高，甚至产生忧郁情绪、暴力倾向、学习不良等问题。

②睡眠

睡眠也是需要家长关心的方面。充足的睡眠不但可以帮助孩子良好地发育，也可以提高孩子的学习效率。专门研究大脑科学的洪兰教授认为："掌管记忆的神经传导物质在熟睡阶段分泌，经过一夜好眠补充后，会发挥最大效果。"反之，如果睡眠不足，容易让孩子产生情绪浮动，专注力与记忆力都会降低。因此，家长必须保证发育中的孩子睡足8~10个小时。如此，不但孩子身体健康、情绪良好，还可以促进学习的效果。

③运动

在运动方面，小学阶段儿童的骨骼系统发展迅速，需要特别注意。小学生的骨骼肌肉系统还未达到成人的水平，特别是韧带薄而松弛，因此在活动中成人要注意保护，防止意外事故发生。

"时机成熟"的概念对于儿童期的孩子特别重要。在这个时候，孩子的学习和行为必须与身体心智发展相配合。因为在时机成熟之前的强迫学习，只会增加孩子的挫折感，造成事倍功半的效果。

2. 青少年阶段

①营养

青少年介于儿童期与成年期之间，通常指 10~22 岁年龄段的孩子。遗传体质、营养与环境都会影响到青少年的发育，所以当孩子进入青春期时，最好鼓励他不要挑食，也少吃各类快餐、零食以及含糖过高、热量过高的饮料和食物，以免过胖或痤疮等问题的产生。

②激素

青少年的脾气会因为激素的大量分泌而变得不太稳定，因此容易出现爱发脾气、情绪失控的状况。青少年进入青春期后，因为激素的分泌与体质的改变，使他们常常处于一种矛盾的状态。父母常常会发现，他们老是在“要”，又不知道自己为何而“要”。再加上他们正处于重视同辈与追求自我认同的阶段，因此容易与父母或师长发生争执。

③运动

青少年的形象会发生快速改变，再加上变化并不同步，总是一个部位一个部位地变化，例如，五官中是鼻子先发育，身体则是脚先长。青少年会因为对自我形象（外表）不满意而闯祸。由于青少年此时的精力非常充沛，因此最好尽量培养他们的运动习惯，以助其发泄多余的精力。

心理发展

著名社会心理学家埃里克森将人的一生分为 8 个阶段：

- 婴儿期（0 ~ 1 岁半）：基本的信任感与不信任的心理冲突。
- 儿童期（1 岁半 ~ 3 岁）：自主意识与害羞（或怀疑）感的心理冲突。
- 学龄初期（3 ~ 5 岁）：主动意识与内疚感的心理冲突。
- 学龄期（6 ~ 12 岁）：勤奋感与自卑感的心理冲突。
- 青春期（12 ~ 18 岁）：自我同一性（自我认同）与角色混乱的心理冲突。
- 成年早期（18 ~ 25 岁）：亲密感与孤独感的心理冲突。
- 成年期（25 ~ 65 岁）：生育感与自我专注的心理冲突。
- 成熟期（65 岁以上）：自我调整与绝望感的心理冲突。

每个阶段都有独特的心理社会成长危机。只有一个危机被解决，才能顺利进入下一阶段；反之，如果上一个危机没有解决，就会阻碍下一阶段的顺利发展，进而影响个体的成长。

1. 儿童阶段

对于 0~12 岁的儿童，尤其是婴幼儿，建立良好的安全感和培养独立自主意识非常重要。进入学龄期，儿童处于发展“勤勉”（促进发展）和克服“自卑”（阻碍发展）的阶段。

那么，什么是勤勉，什么是自卑呢？

①勤勉感

勤勉就是指如果孩子可以将事情（包括学习和做功课）做得很不错，那他就会喜欢做事，进而衍生学习更多事务的动力。

埃里克森指出：如果孩子的这个关卡没有过去（也就是他如果不能勤勉），那就比较容易产生自卑心理，觉得自己什么事情都做不好，什么都不敢做，进而发展出一种自卑的状态。

孩子一旦自卑，就会什么都不敢尝试，什么都不想做。你就会常常听到孩子说“我不会”，或他常常情绪低落、难以集中注意力。

②自卑感

自卑性格的形成往往源于儿童时代。无疑，自卑对儿童的心理健康将会产生负面影响，更对一个人的身心正常成长起消极作用。美国儿童心理治疗专家霍夫曼指出：父母要关注孩子有没有自卑心理。一旦发现，应尽早帮助克服和纠正，以避免孩子随着年龄的增长最终形成自卑性格。因此，在此阶段，我们特别需要帮助孩子发展勤勉。因为孩子的自卑心态一旦养成，很容易引起孩子在青少年阶段对自我概念的偏差想法，更有甚者犯罪也由此而来。

③自我价值感

如何发展勤勉呢？简单来说，就是通过“鼓励”与“赞美”（参见“第9天 SFBT 赞美法——正向眼光对孩子的帮助”），让孩子在学习各项事务的过程中，对自己慢慢建立自信，意识到“我可以”“我很行”的地方在哪里，帮助孩子察觉到“我有能力”。这样，孩子比较容易勤勉，自我价值感也比较高。

> **Tips**
>
> 鼓励不只是对孩子说“你好棒”或“你很厉害”。比较适当的鼓励方法是具体地说出孩子值得鼓励的行为。
>
> ✓ “妈妈很高兴，淇淇今天帮忙洗碗，还把碗上面的油腻都洗得好干净。妈妈同时也好想知道，你是怎么把碗洗得这么干净的？”
>
> ✗ “妈妈觉得你很棒，下次也要好好洗喔！”
>
> 适当的称赞不但能让孩子得到鼓励，而且他具体地知道了自己好的地方在哪里，这样他会变得更有自信！

自我价值感高的孩子一般都比较自信，拥有追求坚定目标的持续力。例如，居里夫人凭着对自己科学假设的坚定信心，在极其艰苦的条件下从几吨沥青中提炼出 1 克镭。爱迪生在寻找一种合适的材料做电灯丝时，曾经历千百次的失败，被人讥笑。如果他们不是对自己充满信心，就不可能坚持完成实验……

2. 青少年阶段

处于青春期的青少年进入了“自我认同”V.S“角色混乱”阶段，他们若在此阶段顺利发展，则可以在明确“我是谁”（自我定位）后，再进一步确立自我价值，这样也比较容易知道“我将来要做什么”或是“我未来要成为什么样的人”。

若是发展不顺利，青少年比较容易对未来的自己产生迷茫——不知道自己的定位在哪里，不知道将来可以做些什么。

研究发现，处于初中阶段的青少年在定位自己和了解自己是谁时，除了重视个人的名誉、受欢迎的程度、塑造自我的形象之外，还非常在乎自己拥有哪些能力、成就表现，以及家庭、社会、经济、地位等外在条件。因此，父母可以从上述几个参考方面，帮助青少年寻找自己的定位与方向，特别是在个人名誉部分，专家发现，青少年有时表现出对自己的不在乎与自暴自弃，其实是为了掩饰对个人名誉的在乎。因为他们从过去的生命经验中，不知道可以做些什么，所以才会表现出“不在乎”。若能在此时协助青少年了解现在就可以做的事，建立成功经验，相信一定可以帮助他们发展得更顺利。

了解孩子的情绪

许多孩子的问题都来自于情绪困扰。有情绪问题的孩子又容易衍生出情绪管理问题、亲子问题、师生问题、人际困扰等，并进一步带来新的行为问题。若我们能理解孩子的情绪发展，就比较容易与他们沟通，同时也可以帮助孩子做到全面性的改善。

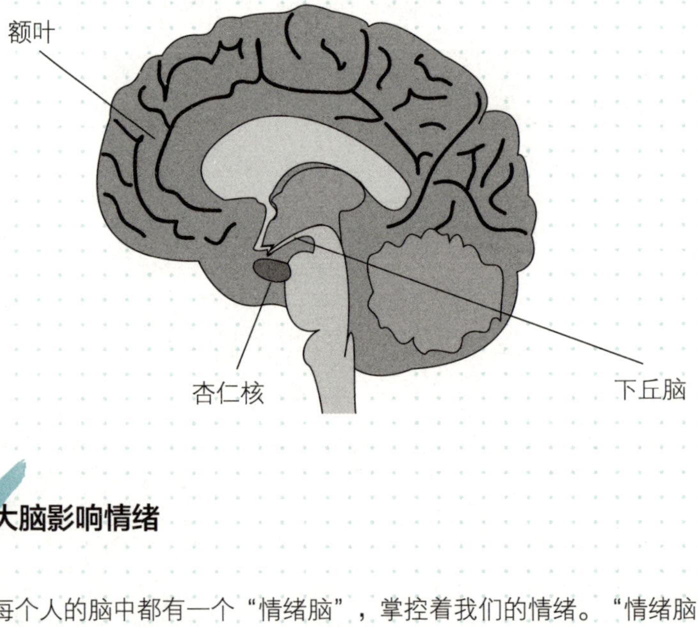

大脑影响情绪

每个人的脑中都有一个“情绪脑”，掌控着我们的情绪。“情绪脑”的主要功能是做出情绪反应和调节情绪反应。我们的情绪反应主要由大脑中的杏仁核区域掌控。专注力、计划分析能力、自我约束能力、逻辑能力等高级认知能力则是由大脑中的前额叶区域掌控。杏仁核和前额叶就像车子的油门和刹车片，只有相互配合，才能让我们的情绪处于平衡关系。

科学家研究发现：大脑最晚成熟的是额叶区域，它真正成熟可能要到20岁左右。前额叶还没有发展成熟之前，很容易让较为冲动的杏仁核当家做主。处于青春期的孩子正是激素大量释出的时候，尤其是掌管情绪的部分特别活跃，这可能是造成青少年情绪较不稳定的原因。

由此，我们就理解了青春期的孩子：

——为什么特别爱顶嘴？

这是孩子发展自我概念所延伸出来的副作用。

——为什么不专心、容易冲动、漫不经心、律己不严？

这是因为孩子大脑处理信息的功能和技巧还不够成熟！

曾经有一位刀子嘴豆腐心的球队教练，遇上了一位个性认真的高年级学生小永。教练深信“爱之深，责之切”，担心过多的赞美会将孩子宠坏。他认为小永很有资质，需要多多磨炼。于是，他对小永只有不断地要求，就算做得很好，也只获得“少骂一点儿”的待遇。

由于教练会用讽刺性的话语在全队面前“磨炼”小永，因此只要遇上这位教练，小永就气呼呼的，他认为教练对他永远都只有“羞辱”与“批评”，而小永采取的应对策略就是“以牙还牙”，不但在全队面前和教练顶嘴，还带头和教练作对，嘲笑教练的口音，挑剔教练的语病。

小永的班主任对我说：“自从小永加入校队以来，成绩变得很糟，也很容易发脾气。”入班观察之后我发现，小永从早自习参加校队练习开始，一直处于情绪不良的状态，就算练习完毕回到班级上课，还是气呼呼的，需要两三节课的时间情绪才会慢慢平稳下来。如此一来，严重影响了学习状况……

由此可见，在与孩子相处时，我们所要做的不仅仅是了解孩子每一阶段的沟通特点，使用他们能理解的语言，更需要建立信任的关系，以及了解孩子的人格特质和行为背后的动机，这样才能更好地协助他们身心健康成长。

青春期之前，为孩子建立良好的价值观与是非判断，可以协助孩子超越生理，安然度过青春期。而父母在儿童时期的教养方式，则可以起到改变、重塑和影响孩子情绪的作用。

父母的情绪对孩子情绪的影响

模仿是孩子最基础、最原始的学习方式。正所谓“身教重于言教”，父母对孩子的身教十分重要，因为孩子时时刻刻都会模仿与观察父母的言行举止、对事物的价值观点，甚至生活习惯、情绪反应等。所以我们常说，有情绪稳定的父母，才有情绪稳定的孩子。

与孩子相比，父母要具有更强的自我控制能力，以及明确的思考判断力，方能为孩子带来有效的引导效能。同时，通过良好的示范与练习，还可以帮助孩子前额叶的成熟度增加，进而达到良好的自我控制。正如大脑专家洪兰教授所建议的：当孩子出现忧郁或其他不良情绪时，父母用正向的情绪反应取代负向的情绪反应，帮助孩子重建情绪回路。如此一来，孩子不至于一直沉溺在不良的情绪当中。

需要加以注意的是，虽然父母的良好示范可以加速前额叶成熟度的发展，但完全成熟，是在 20~25 岁。父母对待孩子的情绪，要如同等待发芽的种子一般，小心地呵护，并给予耐心的灌溉，帮助孩子的情绪健康发展。

男孩女孩情绪发展大不同

男女有别，主要是因为他们的大脑有别，尤其是“情绪脑”，更是有很大的差异。研究发现，男孩掌管着情绪的杏仁核比女孩大 2.5 倍，因此男孩比较容易冲动，但同时他们行事也比较积极。

哈佛大学的一项研究显示：同样是 14 岁，女孩对于与情绪相关的脑部活动，由杏仁核延伸到了掌管整个语言中心的大脑皮质上，而男孩仍局限在杏仁核区域，因此女孩比较会表达感觉。女孩独特的大脑组织方式让她们可以接收较多、较广的感觉讯息，因此她们对于组合讯息是比较在行的，对于情绪刺激的敏感度也远大于男孩，进而女孩对人际也较为敏感，这就是为什么女孩总是让人觉得多愁善感的原因。而男孩的父母要特别注意孩子的情绪。因为不会表达或是不知道该怎么适切地表达，有时会让男孩变得脾气暴躁。协助孩子了解自己的情绪，学会表达情绪，可以有效地帮助男孩控制情绪。

情商是成功的关键

情绪会陪伴我们一辈子，而且只要人活着一天，就不会没有情绪。儿童受到个体成熟因素的影响，会产生各种不同的情绪反应。进入青少年期，激素的分泌、生理系统的发育，也会对情绪有所影响。

有心理学家指出，一个孩子成功与否与大脑中扮演刹车系统、思考中心的前额叶密切相关。孩子的前额叶若发展良好，拒绝诱惑的能力就会提升。当孩子遇到困难的时候，告诉他们“没有永远的困难，也没有解决不了的困难，只是解决时间的长短而已”，才是父母需要尽力协助孩子的地方。也许，我们无法留给孩子许多金钱，但是给予孩子一个良好的示范，重视情绪教育，可以帮助孩子拥有稳定的情绪。

父母的成长旅途

好的亲子关系不会突然发生，多数父母都需要不断地学习，以应对孩子在成长路程中遇到的各种状况。

小志是小学一年级的孩子，班主任因为他经常在学校打人和说脏话求助于我。我和小志的班主任谈话之后，猜测小志的行为可能与父母的管教方式有关，因此费尽九牛二虎之力（小志的爸爸有好几次都在约定时间前，临时打电话取消咨询），终于把小志的父母请到心理咨询室咨询。

小志的爸爸一见到我，立马用挑衅的语气问我："你有孩子了吗？"我知道小志爸爸此刻将紧张情绪化为了锋利的语言，因此我不仅回答了他的问题，还谢谢他前来协助我们一起处理小志的行为问题。小志爸爸闻言后肩膀立即放松，但还是愤恨不平地跟我抱怨："学校的老师真是大惊小怪，这么点儿大的孩子能惹出什么事情，还不就是和同学打打闹闹。老师实在是小题大做……"

我知道要让父母服气不是让他们觉得自己的孩子有多不好，而是要理解他们对于孩子教养上的困难，这样才有机会和他们交流与合作，也才有机会帮助孩子。

我一边设身处地地回应父亲教养孩子的不容易，一边询问他们平日对小志管教的方法与细节。从他们的回答中，我知道这是一对“恨铁不成钢”的父母，他们虽然很爱小志，但从不开口赞美小志。只要小志一做错事或成绩考得不好，他们不但动辄打骂，还会把小志关在黑暗的阳台，不准他睡觉，让他好好反省。年幼的小志感觉到的当然不是父母的用心，反而学习了他们的处罚行为——小志在学校一遇到不如意，就启动父母对他的方式来对待同学。

当我把我的观察反馈给小志的爸爸时，他激动地说：“实在不知道要拿这个孩子怎么办才好！”这一刻，我知道这位表面上抱怨很多的爸爸，实际上是没有找到合适的方法来管教小志——这是一个改变的契机。

于是，我先使用一般化技巧“我在与父母的工作时常常发现，大多数父母都希望自己的孩子好，但用以前我们父母带我们的方法带孩子好像很难达到效果！结果花了很大的力气，却只收到反效果”（参见“第 18 天一般化技巧——帮助孩子放下过于焦虑的情绪”），希望能够稳定住这位爸爸的情绪。

继而，我又运用 SFBT 与这位爸爸讨论了父母的期待与孩子的期待的异同。

所有的父母都希望

- 给予孩子正面的影响。
- 让孩子接受好的教育。
- 看见孩子的未来比自己更美好。
- 与子女建立良好的关系。

——这也解释了为什么许多父母倾尽全力，希望找到好的教养方式来对待孩子。

所有的孩子都想要

- 希望父母以自己为荣。
- 得到父母和其他成人（尤其是老师）的欢心。
- 被接受，成为团体中的一分子。
- 表达意见与选择。
- 有机会做出自己的选择。

之后，小志的爸爸重新学习了教养小志的方式。就这样又过了一学期，在新学期开始时，我在办公室接到了小志爸爸的电话，他告诉我："幸好小志在一上小学就出了问题，让我们夫妻有机会学习 SFBT。现在，我们与小志的关系不但变得和谐了，小志也比以前看起来更有自信了，连他的班主任都说小志改变不少……"

建立新的亲子关系模式

父母的育儿模式正在发生改变，许多过去信奉“不打不成器”而严格教养的父母，正在转变教养形式，想要做个好父母。但是我们也可以注意到，有些父母的做法“过犹不及”，过于宠溺孩子，结果反而导致父母与孩子之间界限不清。

我常常看到许多父母为了孩子的教育，宁愿夫妻分离或是放弃家乡所有，千里迢迢到大都市，希望给孩子一个光明的未来。但若父母与孩子间的亲子关系不良，即使供给再多，也是没有办法教养好孩子的。那么提供了那么多的物质与金钱给孩子后，父母又得到了什么？父母在孩子生命中的重要性难以估计，因此建立新的亲子关系，刻不容缓！

给予足够的注意

从出生开始，每个人都渴望获得关心与注意，就连小婴儿都会用哭来寻求大人的注意。只不过人在每个阶段的表达方法是不同的，但究其根本是人有被关注的需求。如果父母能够每天抽空与孩子聊一聊天，问问他今天发生的事情，例如，问问孩子：

- 今天什么事情让你最快乐？
- 什么事情让你印象最深刻？
- 你想和爸爸 / 妈妈分享什么呢？

而不是：

- ✗ 我在忙，你没看见吗？别那么多话！
- ✗ 少说话，多做事！
- ✗ 功课写完就去看书！

愿意听孩子说话的同时，如果可以给予孩子每天一个拥抱，那对他的心理发展会很有帮助。通过此过程，可以帮助孩子了解——他是被关心与注意的。

我通过和家长工作的经验发现：如果可以培养与孩子对话和肢体接触的习惯，让孩子有足够被关注的安全感，孩子表现出来的行为也会比较稳定，因为这种温暖与真情会使一个人充满力量和信心。

容许孩子有犯错的空间

为什么要容许孩子有犯错的空间呢？其实就是鼓励孩子为自己的行为负责。我们常常看到孩子在犯错之后，将过错推到别人身上，而自己不敢承认。若父母或老师可以释放一些空间，接受孩子犯错的可能性，这样孩子在犯错时，会比较愿意诚实地承认。当孩子承认之后，我们可以进一步与孩子进行对话，不但可以协助孩子了解自己的错误，同时也能让他明白：

- 给别人带来的困扰是什么?
- 要如何为这个行为负责任?
- 该如何弥补?
- 下次不再重蹈覆辙的方法。

……

在这个过程中，让孩子学习如何为自己的行为负责，而不是因害怕犯错而推诿。同时，更可以让孩子知道就算犯错也有价值，让孩子不怕犯错，这样他才能成为一个勇于负责与承担的人。

重视同伴的意见

小学高年级以上的孩子，因为即将进入青春期或已到青春期，会愈来愈在乎朋友、同伴。所以在此时，对他们来说，同伴的意见会慢慢变得比父母、老师的意见重要，他们也愈来愈渴望人与人之间的互动。父母会发现，过去那个总是缠在你身边要你陪的孩子，好像都不再那么需要父母了。有些父母还会因此感到失落，觉得似乎少了生活的重心。

由于青春期的孩子愈来愈重视同伴的关系，所以父母如果能够认识、了解孩子的几个好朋友，掌握孩子的交往对象（例如，可以在孩子生日的时候，请他的好朋友到家中做客），不但可以增加对孩子的了解，孩子也比较不容易在交友上出问题，甚至在必要的时候，小伙伴可能还会帮你的忙。

曾经有一位妈妈和我分享了一段感人的经历：

陈老师，我知道我儿子有一群成绩不好、经常逃课的朋友，但是我把他的朋友也当成自己的儿子照顾着。只要去送点心，我一定多送几份，平常也会找机会和他们聊聊天，甚至假日时，我知道几个孩子的父母工作都很忙，从来不在家中开伙，我也会做一桌子的菜，招待他们来家里吃。我从来就没有想过，这样做会得到什么回报，我只是心疼那些孩子。但是，后来发生的事情，真的很令我感动。

那天，我儿子一回来就一副很不高兴的样子，我问他发生了什么事情，只见他气呼呼地说："妈，我觉得小威那些人很不够意思，今天他们要翘英文课出去玩一下，我也想去，但小威却阻止我，不让我一起去。"

其实，我暗自捏了把冷汗，但我没有动声色，又问儿子说："他们是怎么说的？"

儿子说："他竟然对我说：我们这样做，是因为觉得反正家里也不在乎我们，所以我们爱做什么就做什么，但你跟我们不同，你有一个好妈妈，她对你那么关心、那么好，你要逃课她会多伤心，你有没有想过？."

得到儿子朋友们的真情对待，我从此对孩子在学校里的行为就比较放心了，因为我知道，我有一群帮手呢！

父母也可以在孩子成长到小学高年级时，改用引导的方式与他对话（例如，多问孩子是怎么想的？怎么认为的？），而非像对中低年级孩子的那种指导式的方式（例如，直接告诉孩子“应该”怎么做），如此不但可以提供孩子的思考能力，也可以增进亲子关系。

当你阅读此书时，一种新的亲子关系正在发生。SFBT 给父母的启示是：孩子的改变主要不是由父母来决定的，多数的改变是通过孩子自己选择做一些不同的事情而发生的，那父母需要做些什么呢？父母是孩子生命中的最佳向导。若向导能有耐性，并掌握适当的方法，带领孩子一步步往前走，孩子往往看问题会更加积极，拥有更加健全的人格和稳定的情绪，他们遇事不怕，具有比较好的解决问题的能力和不畏挫折的性格。

因此，温暖而良好的亲子关系是我们给孩子一辈子的最佳礼物。

运用 SFBT 21 天，改变你与孩子

21 天是一个人的习惯养成期。心理学家研究发现：有意识地让自己执行新的想法，只要坚持 21 天，就会对习惯产生影响，进而形成新的行为模式。

第 1 天　不预设立场——站在孩子的立场看问题

对孩子预设立场，就犹如戴着有色的眼镜看孩子，这样的思考方式，无疑充斥着危险。在心理咨询中，我发现：很多孩子都因为预设立场的眼光被不当地对待，甚至陷入自暴自弃中。

经验分享

委屈的小宝

儿子小宝从小气管比较敏感，每到冬天都要使用一种特殊的护颈圈帮助颈脖保暖。由于小宝常常遗失护颈圈，我们花了许多时间对小宝晓以大义，希望他可以学会珍惜物品，养成物品摆放定位的良好习惯，但依然不见成效。在小宝又一次弄丢护颈圈后，我们决定给小宝最后一次机会。

这天，先生去学校接小宝。两人一进门，我就看见一脸怒气的先生和哭泣的小宝。我连忙问发生什么事了，余怒未消的先生说："请你问问小宝，看他做了什么？"

我又赶紧问小宝发生了什么事，只见小宝一边哭，一边说："我再也不要跟大人说话了！反正大人都不相信，而且也不想听，呜呜……"

我眼看事情陷入僵局，当下决定还是先招呼大家吃饭，毕竟食物具有一定的疗愈功能，同时也能给这对父子缓冲的时间。

吃完饭后，先生提议去运动，我马上自告奋勇陪伴小宝，让先生有充分的时间运动（因为运动可以消除压力、调节情绪），同时我也可以借此机会，好好和小宝聊聊刚刚发生的事情。

我牵着小宝的手，温和地问他："刚刚在学校发生了什么？"

一听到我的问话，小宝本来止住的泪水又啪嗒啪嗒地掉了下来。他摇着头，鼓着脸颊，委屈地说："我不想说，反正你们大人也不会听，呜呜……"

我知道儿子需要一点儿时间安全地宣泄自己的情绪。于是，我一边抱着小宝一边对他说："没关系，如果你现在不想告诉妈妈也没关系，想哭也没关系，但是只要你愿意说，妈妈都会想听。"

小宝哭了好一会儿，才慢慢开口跟我说刚刚的经过……

原来，小宝一看是爸爸去接他，开心极了，飞快地跑向爸爸，可爸爸一见到他就问："功课写完了没有？"

小宝开心地告诉爸爸写完了后，爸爸又问："圈圈（护颈圈）呢？在哪里？怎么没戴着？"

小宝回答："教室太热了，我把圈圈拿下来了。"

爸爸紧张地问："有收好吗？收在哪里？"

小宝说："应该放在书包里吧！"

爸爸随后就请他将衣服穿好、用品拿好，准备一起回家。

小宝说："我一到门口，爸爸就像X光一样地扫描我，立刻发现我没戴圈圈，马上叫我把圈圈戴上免得感冒。我一边说好，一边伸手到书包，结果怎么找都找不到圈圈。我好紧张，因为爸爸如果发现我找不到圈圈，他一定会骂死我的！果然，爸爸马上就发现我怪怪的，便问我怎么了，让我把圈圈拿出来戴好，我只好硬着头皮跟爸爸说圈圈没有在书包，爸爸一听马上暴怒，就在班级门口说我说谎，我很生气，因为我没有骗爸爸，我明明记得把它放在书包里，只是现在找不到了，呜呜……"

小宝一边说一边又哭了起来，我拍了拍他的背，希望给他一些支持的力量。小宝在心情较为平静之后，又接着说："然后，爸爸就开始对我训话，一下说我说谎；一下又说我规矩不好，乱放东西……"

小宝说到这里，又悲从中来，哽咽着说："所以我再也不要跟大人说话了！反正大人都不相信，而且也不想听，只会说自己想说的，呜呜……"

小宝的例子，其实充分说明了爸爸的预设立场。在孩子没有充分说明事实前，爸爸就认为他说谎，没有考虑孩子为什么要这样应答。其实，父母只要在发生事情的当下多点儿耐心，自然可以避免之后的争端。另外，我也想起我的一个咨询对象——小昱。

经验分享

被冤枉的小昱

小昱因为常常在班上偷东西，导致班上一有东西不见，大家立刻会想到他，就在他来找我咨询决定痛改前非时，班上又丢了东西。

在那次咨询时，气呼呼的小昱告诉我，老师的处理方法让他“不想改了”，反正也没有人会相信他。我仔细问了事情发生的经过，才知道：老师以往的处理方式都是直接找小昱来，询问是不是他偷的，但这次老师并没有这么做，而是在班上轮流问每个同学，是否看见失物，小昱描述，当同学回答“没看见”时，老师就会问下一个，可是唯独问到小昱，他回答“没看到”时，老师“竟然”又继续说“没关系，老师愿意再给你机会，你可以想清楚一点儿再回答老师”。

于是，小昱气呼呼地跟我说：“我觉得老师根本就不相信我说的话，反正她已经觉得是我偷的，那我不偷白不偷，干脆不要改好了！”

我后来又找小昱老师了解情况时发现，原来老师并非故意羞辱小昱，在和我谈话之后，好心的老师也想帮助小昱，给他改过自新的机会，所以这次班上又丢东西，他决定采取与以往不同的策略。但是，因为他在心中已经预设立场，觉得可能是小昱偷的，所以尽管处理的方法不同（直接问 VS 在班上一个个询问），但本质（都预设是小昱偷的）却是相同的。

预设立场的危险

人往往容易陷入自己的主观来判断事情，并且有了先入为主的观念后不易改变，很容易陷入片面中，而预设立场的危险就在其中。当孩子发现父母对自己并非想要真心了解，而只是想要通过谈话的过程，将他们的立场（想法）强加于自己身上时，孩子会以沉默不语、无奈、不屑甚至自暴自弃等来对抗。

父母预设立场的想法，其实源自于对孩子的不信任以及过去不好的旧经验（小宝之例是他曾经乱丢圈圈；小昱则是有偷东西的前例可循）。因着这样的不信任，父母与师长全面启动了紧张神经，并做出了后面种种不适当的处理。这样做不但加深了孩子的自卑，深深地伤害了亲子之间、师生之间的情感，严重者还会让孩子就此停留，自暴自弃不愿意改变自己的负向行为。

知道了预设立场的危险之后，该怎么做才能避免这种常见的思考谬误呢？

避免预设立场 SKILLS

1. 察觉自己。问问自己此刻内心发生了什么。

2. 安顿自己。在发生事情的当下，以鼻吸嘴吐的方式，进行几次深呼吸，借由呼吸来平稳与安顿自己，才有可能继续与孩子从容对话。

3. 聆听孩子。带着较为平静的心情打开自己的耳朵，同时先将嘴巴闭上，学习聆听：以孩子的立场而言，他发生了什么？

4. 引导孩子。试着让孩子说出他想要如何解决自己的问题，以及协助孩子整理中间的利弊得失。

当我们能够学会不预设立场，才能听见孩子真正的声音。如此，我们培养出来的孩子才不会变成“只说父母想听的话”的孩子，而你才会在孩子需要帮忙时，引导出他的潜在力量，给予他最有效的帮助！

即学即用 ABC

如果孩子回来时告诉你他考得很差，或者有其他糟糕的事情发生，练习使用今天学习的“不预设立场”来与孩子互动，并记录下你的体会：

- 察觉自己的内心发生了什么

____

- 安顿自己的方法

____

- 聆听孩子（注意：不要太快插嘴）

____

- 引导孩子说出他的解决方法

____

第 2 天　放弃无效的方法——如果没有用，做点儿别的

经验分享

失恋的巧芸

刚上初二的巧芸这几周来茶不思、饭不想，整个人都瘦了一大圈，连老师都打电话到家里询问“巧芸怎么了，为什么最近上课十分不专心，是不是家里发生了什么事情”。纳闷的巧芸父母忙找来闺女问发生了什么。巧芸说：“我失恋了！”在父母还没适应过来孩子早恋的事实时，她接着又告诉父母：“男朋友竟然有了小三，我被劈腿了。”伤心的巧芸说完这话，像是松了一口气般，立马哭个不停。巧芸的父母安慰了几天不成，连学校老师都一起加入阵容，对巧芸不断晓以大义，但巧芸什么都听不进去。在学校辅导室老师的介绍之下，她来到我的咨询室。

我问巧芸为什么要来找我，巧芸没好气地回答：“又不是我自愿的，我是被强迫来的！”

我又问巧芸：“谁强迫你来？”

巧芸说老师和父母都叫她一定要来跟心理咨询师好好谈一谈，因为她的问题很严重！我很有兴趣地看着巧芸，并且问她：“你的问题哪里严重，可以和我多说一点儿吗？”

巧芸说：“我——失——恋——了——，我的男友小华，他竟然为了别的女生劈腿了！我恨他！”

我请巧芸将情绪缓一缓，慢慢告诉我发生了什么。巧芸不可置信地看着我，问：“你怎么不但没劝我，还要听我说？”

我微笑地对巧芸说：“现在劝你，有用吗？”巧芸摇摇头。我继续说：“我猜，你身边有很多人都劝过你，对于那些道理，你应该都知道了吧！”

巧芸忙不迭气愤地说：“而且，他们还一直说什么我还小，根本不应该谈恋爱，甚至老师竟然还说：我和小华根本就不是在恋爱，我只是一厢情愿，告诉我把心思放在书本上才是正途。我哪儿小呀！我都 15 岁了！”

我仔细听着巧芸诉说自己的恋爱过程，发现她会觉得自己在与小华谈恋爱，主要是因为小华就坐在巧芸隔壁，而小华又是学校篮球队的，常会很豪迈地把球衣丢在巧芸的桌上，也常需要巧芸帮忙抄联络簿。当巧芸很自然地模仿起身为家庭主妇的妈妈所做的行为（例如，帮小华叠球衣）时，她在心中就认定小华是她的“伴侣”，他们又还没结婚，那当然是在“谈恋爱”了！

我继续问巧芸与小华发展到什么阶段，两人是否曾私下出游，巧芸回答都是在学校里，我这才发现在客观的事实上，巧芸真的不是在恋爱，顶多只是单恋，难怪老师说她一厢情愿，但我心里想着，如果巧芸能够听进去其他人的话，她也不需要来找我了，而我脑中更立刻浮现 SFBT 的一个技巧——如果没有用，就做点儿别的。我知道劝告对巧芸是无用的，我得想想其他办法。我注意到巧芸每次在描述自己的恋爱时，都会冠以“神圣”二字，忽然心生一计！

专注聆听帮助我迅速地与巧芸建立起了信任关系。等巧芸说得差不多时，我开口问巧芸：“我听起来，你的爱情很神圣，那你是不是上课也想，下课也想？”巧芸迅速地点点头。我又问：“那你是否吃饭也想，洗澡也想，就连上卫生间也想？”

只见巧芸又忙不迭地点头，我立刻用力地摇起头来，同时还重重叹了一口气。巧芸看到我的反应，连忙问我：“陈老师，你想到什么，为什么这样？”

我赶紧抓住机会对巧芸说：“你刚刚明明说你们的爱情很神圣，但你竟然在卫生间也想，这岂不亵渎了你们神圣的爱情？”

巧芸被我说得一愣一愣的，连忙问我要怎样才不会亵渎他们的爱情。

我跟巧芸说：“是有办法，只是不知道你愿不愿意做？”巧芸忙点头。

我缓缓地说：“既然是神圣的爱情，就得找一个神圣的时间和空间专注地想，才不会亵渎。”而所谓神圣的空间，指的是没人打扰可以专心思考的空间；神圣的时间就是在一天中巧芸觉得最好、最期待的时间。通过与巧芸协商，我们找到了神圣的空间——书房，而每天可以看偶像剧的时间自然就是神圣的时间了。

接着，我又引导喜欢看古代穿越剧的巧芸思考，古代人在进行神圣的事情时都要先行沐浴净身……最后，我和巧芸这样约定：她只能每天洗完澡后（19：30~20：30）在书房里仔仔细细地想她与小华的“爱情”。换言之，只要与小华有关的，都属于爱情，都只能在约定的时空内想，在其他时间、地点都不能想，否则就是亵渎爱情，并约定一周后再见。

我知道以巧芸认真的个性，一定会老老实实地去执行。果然，一周后我俩一见面，巧芸就很快地告诉我：“大家讲得对，现在不适合恋爱。同时，小华好像也没那么好！”我带着好奇而尊重的态度，仔细聆听巧芸这周执行任务的结果。原来认真的巧芸真的依照我俩的约定进行着：第一天，她不但足足想了一个钟头，还差一点儿就超时；第二天因为想的还是差不多的事情，所以只花了 55 分钟；第三天因为也没有什么新的内容，所以想了 45 分钟就想完了，剩下的 15 分钟就变得很难熬……我问巧芸为什么？她说因为很想冲出去看偶像剧。后来，随着想的时间变短了，想看偶像剧的欲望愈来愈强烈，她就觉得“神圣的爱情”好浪费自己的时间！白天到学校也不会一直关注小华，对自己与小华的关系也觉得没什么了，自然在一周后来见我时讲出了上述的结论。

如果无效，换点不同的事情做

SFBT 有 3 条重要的原则

——如果没有用，就不要固着在这件事上。

——如果没有用，做点儿别的事情。

——如果有用，就多做一点儿。

心理学家发现，很多事情虽然会给我们带来困扰，但因习惯使然，很容易让我们得过且过地继续。但以焦点解决取向的思维方式来看，如果现在使用的方法有效，就继续用；如果现在使用的方法无效，就来试试不同的方法。

上文中巧芸的父母和师长就使用了许多无效的方法劝告巧芸。当他们发现无效之后赶紧找心理咨询师求助（试试不同的方法）。幸而我从与巧芸的谈话中发现，她那看似一团乱的问题（包括饮食不正常的行为问题、常常哭的情绪问题、无法专心上课学业退步的课业问题），只要找到一个突破点就有改变的希望（巧芸对于这份恋情的看重与神圣感）。于是，我根据她很认真的个性，希望她不要时时刻刻都将注意力放在自己与这份恋情上，而是更专注地在一个“神圣”的空间与时间好好地想她与小华的过去。而这样的小小改变在巧芸的生活中，产生了不同的效果，最后还带来了如滚雪球般的效应！

经验分享

在教养子女时，很多父母都常常在运用无效的方法应对孩子。

在一次妈妈团体咨询时，有位妈妈向我抱怨："现在的小孩很难带，很小就有自己的意见，挑东拣西的。"我细问之下发现，原来她的孩子不好好吃饭，很挑食。

我问她是怎么处理这件事的，她叹了一口气，说："孩子不吃还能怎样？只好多买些零食和水果，等他想吃的时候再吃了！只是实在是愈养愈瘦，每年过年家族聚会，孩子总是一个话题，真是很丢脸！"旁边的妈妈听到后，都七嘴八舌地加入讨论，看来这个话题真的是很多妈妈的切身之痛。

于是，我就问这位妈妈想不想解决这个烦恼，她立马回答："当然想，可是不知道怎么做才好！"

帮忙改变的 SKILLS

其实，只有使这位妈妈放弃她正在做的无效的应对方法，她才能开始转而做点儿别的真正有用的事情。

1. 要先知道这个咨询对象的目标在哪里。

我问："你的希望是什么？"

妈妈回答："当然是孩子不挑食、不那么瘦，这样孩子才能有更强的抵抗力。"

2. 借由将目前的行为与目标对比，来促使其发现目前使用的方法无效。

我问："如果孩子因为吃了零食或挑食而吃不下正餐，你会怎么处理？"

妈妈回答："那就算了，等他饿了，再给他吃点儿零食或水果，总不能饿着孩子吧！"

我又问："这样的方法能让孩子健康吗？"

妈妈很快地回答："当然不能。孩子不但瘦巴巴的，还常生病！"

当咨询对象已经承认自己采用的方法无效时，可以进行下一步。

3. 引导咨询对象换点儿别的事情做。

我问："听起来你很清楚孩子这样吃饭是不健康的，我觉得很不容易！你有想过或听过其他的方法吗？"

妈妈回答："嗯！也许我该试试让他能把一顿饭吃完的方法。我不能再继续溺爱孩子了，否则将来他身体一直不好可怎么办呀！"

4. 鼓励与约定。

我带着肯定的眼神看着这位妈妈，并且说："我觉得你能想到其他的做法是一件很棒的事，你愿意试试看吗？"

这位妈妈看着我点了点头，我和其他妈妈一起给这位妈妈鼓掌表示加油！

即学即用 ABC

如果你发现孩子老是用哭或你不认同的方式来解决事情，试着使用今天所学的方法来帮助他，并将过程记录下来。

- 了解孩子用哭泣想要达到什么目的。

- 帮助孩子思考：用哭泣的方式，每次都可以帮他达到想要的目标吗？

- 引导孩子思考除了哭泣之外的方式。

- 赞美孩子，鼓励他试试新方法。

第 3 天　学会与问题共存——事情不会只有一个面向

经验分享

总想争第一的小白

四年级的小白因为在班上常常发脾气，在班主任的建议之下来到我组织的儿童心理成长团体活动。进到团体的小白，开始好奇地四处张望着，一见到我，便向我热情地打招呼与我聊天，直到所有的小朋友都进入团体，才安静下来。进行活动的时候，小白非常主动，总是第一个举手发言与进行活动，我当时心里还纳闷，这孩子挺主动积极的，看不出有什么问题要处理。

就在团体比较熟络，其他孩子也渐渐在我问是否有人要第一个举手发言时愿意举手后，当我第一次没有第一个叫小白时，小白先是大叫“老师，你不喜欢我”，之后便躺在地板上滚来滚去，我心中赫然明白小白常常发脾气的缘由了！小白的同班同学小静立刻冷漠地说：“老师别理他，他每次都这样，我们老师都说不用理他，他等一下自己就好了！”闻言，我先谢谢小静的分享，但我明白在心理成长团体中，绝对不能制造这样的“标签化”氛围。于是，我对团体中的其他孩子说：“我明白小白可能在班上会出现这样的行为，但在老师的团体里，这是第一次。”同时，我将小白从地上拉起，看着他的眼睛，慢慢地对他说：“小白，老师知道你很想要做第一个，但是我们团体里还有这么多小朋友也想当第一个，所以大家要轮着当第一个，老师也会特别关注你，好吗？”小白没有回答我的问话，但他点点头看着我，口中喃喃自语道：“我就是想第一个嘛！第一个才是最好的！”

团体虽然继续着，但每次只要发言没有第一个叫小白，小白都会上演“打滚戏码”，我也总是平心静气地将他拉起，对他说：“我注意到你很想当第一个，现在我们在做什么？”我发现，我愈能与小白对话，不只将注意力放在他的打滚上，就愈能引导他做点儿别的事情。

慢慢地，随着团体进行的次数愈来愈多，我们都发现小白终于可以接受不是每次都当第一个才是最好的。就在团体活动即将结束时，小白被同学自发地推选当上当次团体的“今日之星”，被推选的理由就是小白学会了控制自己的情绪！

Tips

SFBT 创始人之一，韩裔美国心理学家茵素老师运用了东方文化因素中太极的概念。她指出：太极代表的是一种系统平衡的概念，也是一个圆的概念。太极图不但是一个整体，也是可以翻转的。白中黑点表示阳中有阴，黑中白点表示阴中有阳，黑与白两极是相生互补的，而且这两点不是对立面，是融合在一起的——黑中有白，白中有黑。太极带领着我们，让我们可以看见事情的全貌，而非只有残缺或是不好的那一面。SFBT 中，有许多基本精神都源自于太极的概念。

扩大白色而非消灭黑色

发现了吗？如果我们看太极图的右半边（黑中有白点）时，我们的注意力要是只放在黑色的那一面，就会注意不到黑色中的白点。这和我们看待事物的态度是一样的：如果我们只看到不好的面向——大多数人均是如此，我们就会产生一种“悲观倾向”。

太极图的启发

悲观倾向有什么不好？想想若是什么事情我们都只看到黑色（负面），想必生活也会不快乐。但如果我们也能注意黑色中的那个小小的白点，会使人产生希望的能量。

父母在得知孩子的偏差行为时，通常先注意到的是一片黑（例如，考试成绩不理想、多动、偷窃、说谎、打人、不能按时交作业……），但是如果我们认识到“人不等于行为”，不用孩子的偏差行为去标识他的人格，就比较容易找到白色的亮点。一旦找到白色亮点之后，我们将之扩大，往往就会带来翻转的契机。

陪先生来大陆时，收看了热播电视节目《爸爸去哪儿》。节目中有一集的内容是要孩子们完成“护蛋”的任务。小主角天天在护蛋的过程中，蛋被爸爸张亮的好朋友田亮打碎，于是天天选择说谎来处理，当爸爸通过质问拆穿天天说谎时，天天对爸爸说：“我不想让你知道是他（田亮）打碎的，所以我才这样撒谎，对不起！”

如果当时爸爸张亮只看见孩子的说谎行为（黑）而急着要处罚他，就不会有后面令人感动的原因被我们知道。原来，天天说谎是为了不让爸爸觉得难过（白——不过6岁的孩子，试着用自己的方法，照顾爸爸的情绪），也不会引发后面好的结局，因为之后天天对着爸爸伸出手说：“你打我吧！”——孩子愿意为自己的行为负责，并主动接受处罚。这是一种何等珍贵的情操！

培养看见另一面的能力

对于上面案例中像小白这样的孩子，一般人的印象通常是“很好动”“过度活泼”“坐不住”等黑色的部分，但是若从白色的那一面来看，他们“很主动”“热情”“愿意带头”……所以只要充分地运用他们白色的特点，就比较容易扩大好的一面，进而让小小的白色渐渐变大，黑色部分自然就会缩小。因此，虽说我们擅长注意问题，但也不要忘记培养看见另一面的能力。

在组织儿童团体活动时，我常常遇到这样的孩子。当他们又一次冲动地一直想要第一个回答问题或是发表自己的想法时，我会先谢谢他的主动，然后问他：“你想要回答什么？”这时，孩子往往会不好意思地说：“老师还没问呢！”这时，我还是会谢谢他注意到这一点，然后再跟所有的小朋友约法三章，我问完问题之后会先数1、2、3，再请大家举手，孩子们往往可以因为规则订得清楚而遵守，我就再赞美当事人很遵守约定，并给予鼓励。孩子之后也会很热情地配合响应。

当孩子较为多动时，父母、老师常常觉得：孩子是喜欢帮忙，但是又常常帮倒忙。例如，请他帮忙发本子，他却用射飞镖的方式“咻”的一声发送，不但把同学的作业本乱飞到地上，还因为发不准打到同学的头，把同学弄哭。若用“太极图”概念，黑色部分——他不用正常方式而是顽皮地乱发射，造成更多纷争。但是，我们也要看到白色部分——他是很有心想要帮忙。所以，聪明的你发现了吗？要注意到孩子想帮忙的心，同时修正他错误的发本子的方法，甚至在发本子之前，就向这样的孩子示范怎么正确地发本子！

SFBT中，我们不把力气全都花在消灭黑色部分上（就像上例中小白每每想要争第一的心，以及之后的打滚行为），因为有时黑色根本消灭不了，但将注意力多放在扩大白色（小白的主动、积极，以及愿意听我说），因为万物皆是平衡的——扩大白色，黑色自然就会缩小。而扩大白色最简单的方法，就是运用肯定与正确的赞美（参见“第9天　SFBT赞美法——正向眼光对孩子的帮助”）。

与问题共存的 SKILLS

黑色没有被消灭，可能会令你担心，但是缩小到控制范围之内，一个小黑点不就暗喻着：没有人是完美的吗？

调整看事情的角度，不把生活问题扩大，是我们学习“与问题共存”的重要一步。人活在这个世界上，谁没有问题呢？

有些人有家庭问题，有些人有人际问题或健康问题，有些则有情绪困扰……扪心自问，我们每个人多多少少都有问题存在，只是这些问题可否被我们控制罢了。所以，当我们成人是如此的时候，又怎能期待孩子是完全没有问题的一个人呢！因此，当我们发现孩子的问题时：

1. 请“暂时”不要急着去消灭问题，而是注意孩子哪些方面很不错，值得我们扩大，先去进行这些方面。

2. 因为处理孩子的问题，重要的并非消灭黑色，而是扩大增强白色！我们要发现孩子的资源与潜力，从正向的意义出发，发挥滴水穿石的力量，让一个个小改变汇集出巨大的改变。

3. 人的价值是多元的，生命的面向也是多元的，将所有问题都视为人生的一部分，就能坦然面对，并且找出方法解决了。

4. 换个角度看问题，会改变自己，也会感动别人！这样能为自己和别人带来好结果，也许不是最满意的结果，但也是好结果。

即学即用 ABC

观察你的孩子有什么优点和缺点，同时请写出孩子的 5 个缺点与 5 个优点，并认真扩大孩子的优点。

孩子的优点：	如何扩大
______________________	______________________
______________________	______________________
______________________	______________________
______________________	______________________
______________________	______________________

第 4 天　换个角度思考——没有一件事只有负面意义

经验分享

想到法国留学的丹丹

14 岁的丹丹自从看了一部电影之后，不但迷上了做西点，甚至跟妈妈吵着要辍学到法国去学做西点，她将来的志愿是当米其林蓝带主厨。任凭妈妈怎么劝告，丹丹就是不听，妈妈苦恼极了，来到我的咨询室做咨询。

我专心地听着丹丹妈妈叨念着：“丹丹还小，怎么知道自己要做什么；不愿意正经读书，想一些做不到的事情，将来可怎么办呀；丹丹目前才是中学生，英文都还不怎么懂，就想要到法国去，语言的问题可怎么办；虽然我们家里的经济也还过得去，可到法国留学，那是一大笔钱；丹丹还有个弟弟，一个人到国外，谁去照顾她……”讲到这里，丹丹的妈妈苦恼得眼泪都在眼眶中打转，她说：“一想到这些事情，我连觉都睡不着，事情也做不好！”

我看着丹丹的妈妈轻声对她说：“您辛苦了！我可以感觉到您是一个爱孩子的妈妈，同时也很想把做母亲的责任尽好。您想给孩子自主权，又不希望只是用权威方式来教育孩子，才会如此苦恼……”

一说完这些话，丹丹妈妈的眼泪立马扑簌簌地掉下来。看起来，丹丹的妈妈真的承受了巨大的压力。我轻轻地拍着丹丹妈妈的手，等待她将情绪充分宣泄完。之后，我问丹丹妈妈想不想听听我的看法，丹丹妈妈立刻用力地点了点头。

于是，我说："我其实挺为丹丹高兴的，才初二就知道自己未来的志向，并且也很有行动力，有想法就会马上提出要求。"

只见丹丹妈妈惊讶地看着我，她迟疑的眼光仿佛在无声地说："这么糟的事，你还觉得好，是不是脑袋有问题？我要不要赶紧换个咨询师呢？"

我笑着对丹丹妈妈说："看您惊讶的样子，是不是脑中正在盘算着要不要赶紧换个人，免得耽误事情？"只见丹丹妈妈不好意思地低头讪笑着，我连忙跟她说，其实我还没说完呢！

我继续说着："其实，丹丹目前只是处在'想'的阶段，很多事情都还没真正地行动，我们要做的，是有效地陪伴她度过这段探索的过程。"

Tips

因为青少年目前发展最重要的任务就是找到自我认同：

- 我是谁？
- 我有什么优点，有什么缺点？
- 渐渐形塑出我是一个什么样的人。

这时，丹丹妈妈看着我的眼神多了一份信任。于是，我接着说："所以，正好通过这个机会，让丹丹发展自我认同，这也是一件不错的事啊！"

丹丹妈妈恍然大悟地点头说："原来是这样啊！那要怎么做呢？"

"丹丹确实还太小，哪能到法国去留学。"我一面接纳着丹丹妈妈的担心，一面问丹丹妈妈，"如果要到法国学做西点，需要具备什么样的能力呢？"

丹丹妈妈回答："那当然就是要找学校啊，而且丹丹根本不会法语，就算真的申请到学校，也需要先念语言学校一阵子吧！所以应该要先找法文补习班学习法文才行！"

我点点头又问："还有呢？"

丹丹妈妈又说道："要到语言可以沟通的时候，下一步应该是申请学校吧！而且要是真的去了法国，那边的生活水平听说很高，我也不可能将工作辞掉，再加上丹丹的弟弟还小，也需要人照顾，所以应该是要帮丹丹找一个好一点儿的寄宿家庭，哎呀！怎么那么多事？我现在的工作都忙不过来了，要怎样找时间去帮丹丹做这些事呢？唉，我怎么会生出像丹丹这样不懂事、不体谅父母的孩子呢？"

眼看着丹丹妈妈又陷入抱怨的困境中，我连忙出声打断她的埋怨，并且赞美她思考得很周全。同时，我也跟她说："如果这是丹丹的梦想，这些就都应该由丹丹来处理，也就是您刚刚提到的最基本的3件事必须由孩子自己来完成，比如，找法语补习班、找寄宿家庭以及申请学校……”

此时，丹丹妈妈扑哧一笑，问我：“老师，您大概忘记我家丹丹只有 14 岁而不是 40 岁噢！”

我说：“丹丹妈妈，我当然没有忘记她的年龄，但是在追求梦想的过程中，适当的付出是必需的，从做中孩子能够学习到更多，拥有感恩的心，也不会再将所有事情当成理所当然的。如果你担心孩子一下子做太多事情而吃不消，可以先请她找补习班，您觉得呢？”

丹丹妈妈看着我，不放心地问：“那就让她自己找？”

我说：“当然不是，丹丹这样年纪的孩子，在追求独立的过程中，家长还是必须适时陪伴的。这样不但可以尽到监护之责，也可以让孩子感觉到父母的支持。所以在她找补习班的过程中，你可以陪伴她，但请不要因为担心而插手，并且认真地告诉孩子，因为这是个突发状况，爸爸妈妈可以支持她，但不会无条件地付出，比如，让孩子支付一半的补习费，同时不能影响到目前的课业。”

丹丹妈妈这时忽然忧心地看着我，问：“老师，如果丹丹真的完成任务，那我岂不是要让她去法国留学了？”

我坚定地看着丹丹妈妈，说：“那我真是要恭喜您了，您的孩子这么早就能完成这些发展任务。同时，说不准您家真的会出一个蓝带主厨呢，这可是值得庆祝的事情！在这个时代很多人到中年都还不知道自己要做什么。相比那些成为啃老族的年轻人来说，这真是一件好事啊！”

只见丹丹妈妈仿佛从我的话中得到了力量，对我说："老师，谢谢您！让我看到事情的另一面，那我回去做做看。这些天因为这件事，我们母女的关系都僵了！谢谢您！"

几周之后，丹丹的妈妈来电话说，丹丹经过这个过程后发现，这件事做起来实在太累、太复杂（要维持目前的功课水平，又要补习法语），于是她主动跟妈妈说还是等过一阵子再去学习西点好了！

凡事都是老天给我们的礼物

当我们遭遇困境时，往往将眼光集中在所失去或是不好的部分，殊不知，每件事情的发生都是上天送给我们的礼物，只是有的礼物包装得丑陋，不合你的意或是让你情绪低落、感到挫折罢了。

曾经有一位义工爸爸对我说："陈老师，我好庆幸我的孩子出了问题。"我经过细细地与这位爸爸谈话才知道他的孩子初一时出现了结交损友、不爱读书甚至流连网吧等偏差状况，这位爸爸毅然决然地退休，到孩子的学校当义工，并且还上了关于许多父母成长、辅导的相关课程，修正自己管教孩子的态度与行为，不但改善了亲子关系，减少了孩子的问题行为，甚至与妻子的婚姻状况都变得和谐了。所以，很多事情都不是我们表面看到、听到的那样！换种角度去思维、去看事情，会见到不同或是较深层次的那一面。

没有一件事只有负面意义

在丹丹的例子中，我们会发现，丹丹妈妈刚开始时，一直只看见不好的部分，例如，孩子还小、法国很远无法照顾、花费不菲等，但却没有看见，孩子的立志、兴趣探索、透过确实行为做的过程等，可以让孩子更接地气，更能够对父母的付出有感恩的心……无论最后孩子是否辍学到法国学西点，对她的人生都会起正向作用。如果妈妈在这样的过程里，不但看见事情带来的负面影响，同时也能够看见正向影响，她的心境会得到安稳，更能够对孩子加以正向引导。

在咨询的过程中，我并非运用技巧阻止丹丹去法国完成梦想，而是借由先安抚稳定妈妈的情绪，再让妈妈协助孩子为了梦想完成踏实地去执行。孩子在经历了这样的过程后，往往会发现理想与现实的差距，自然会进行修正，若家长只是一味地担心孩子受苦，觉得孩子没有现实感就大加反对，不但伤害了亲子关系，也阻断了孩子追求梦想的权利。

正向思维 SKILLS

在教授 SFBT 的训练课程时，我常与学员分享一些因祸得福的事件，学员往往会从自己与别人的分享中发现，只要我们愿意思考得深入一些，愿意看见事情的其他面向，耐心接受每一次磨炼，当我们跨越了考验，就会发现：

1. 没有一件事情是只有负面意义的，每一件事都会给我们不一样的收获和更深刻的体悟！

2. 同一件事情的发生，在不同的人身上会产生不同的看法与行为，进而得到不同的结果！事情的结果与发生本身无关，但却与我们自己的认定有关。

3. 事情发生缘由与事实真正结果不是个“等号”，而是个“问号”。

4. 困扰自己的事情，不是发生的事件本身，而是对于事件的看法与认知。当遇到不如意时，请在心中先浮现一个“问号”，透过正向的“自问”思考方式，将每个发生都转化成助力，创造自己想要的结果！

即学即用 ABC

想想一件因祸得福的事情，并分享给朋友或家人：

事件：

____

- 一开始的感觉是：

____

- 最后学习到的是：

____

- 换个角度思考跳脱出来！这件事可以带给你的帮助：

____

- 接下来，你会采取哪些行动，去真正获得这份帮助呢？

____

____

第5天　将注意力放在解决问题上

经验分享

不能取消的工作

有一天早晨，当我一如往常叫儿子起床准备上学的时候，看见儿子脸色惨白地从房间“飘”出来，心里直觉不妙。我一面担心地走上前去摸儿子的额头，一面在心里默默祈祷着“儿子可千万别发烧”，因为那天是我第一场新书发布会的日子，我要到现场进行发布演讲！一摸儿子额头——真是怕什么来什么，他正发着高烧！我和儿子面色凝重地一起跌坐在沙发上，心里盘算着该如何是好？

儿子见我不发一语，就对我说：“妈妈，对不起，我生病了，怎么办？”看着儿子强忍着不舒服还如此懂事，我感动得一把抱住他，拍着他说：“不要紧，我们一定可以想到解决办法！”因为家人都无法帮忙，而我的演讲又不能临时取消，我和儿子陷入了苦恼。

这时，我听到儿子开始喃喃自语：“哎呀，一定是坐我隔壁的启明传染给我的，我看见他一直在流鼻水、吃药。不！不！不！是补习班里面的小童传染给我的，我昨天一直听见她在打喷嚏还咳嗽。不！不！不！是妹妹扁桃腺发炎传染给我……”本来，因为这突如其来的意外，让我的脑袋有点儿转不过来。听了儿子的喃喃自语后，我忽然发现他一直在找原因，也让我意识到这样做对事情一点儿帮助也没有，我的脑袋反而因此清醒了许多。

我先抱着儿子安慰他说："没关系，生病也是一种培养身体免疫力的方式！"然后，我又问他："知道是谁传染给你的对事情的帮助是什么？"儿子不好意思地摸摸头说："好像没帮助！"我则开始动脑筋想"该如何处理"！

我开始打电话找可能提供帮忙的资源，最后确定由学校的保健室阿姨收留儿子，让他可以在保健室休息，直到我中午演讲完毕去接他。

我事后反思，如果儿子当时没在旁边一直努力思考"问题的成因"，我可能也无法这么快进入"解决问题的思维方式"，进而处理问题！

事出一定有因吗

"事出不一定有因"，把注意的焦点放在问题解决上，能够帮助人们厘清问题的头绪。

有些人很不习惯这样的思维方式，由于习惯活在因果观的思维里面，认定"有因必有果"，我们在发生状况时总是先去找原因，问"为什么""怎么会这样"……将力气花在"分析问题"或是"探讨问题"的成因上面。例如，感冒就医时，医生就会问你"多久啦""哪里不舒服""最近去过什么人多的地方吗"……而事实是，有时我们想得出原因，有时想不出原因。像是有一次，我儿子得了肠病毒，当时儿子周围的同学都没人有这一状况，假日他也在家里没有出门，连医生都想不出儿子为何感染这种疾病，根本找不到原因。

在进行心理咨询时，我也常常遇到这样的情况。比如，我曾遇到一个常说粗话的男孩。在与他的其他家庭成员谈话之后，我发现他的某个家人以粗话为口头语。虽然我们明白了男孩说粗话的根源是来自家庭的影响，但是他的家人又因为种种原因无法来接受心理咨询。所以，有时候，就算知道问题的症结也不能帮助我们解决问题，不如将时间更好地花在如何解决问题上面。

问题导向思维方式 VS 焦点解决思维方式

在从事 SFBT 训练时，我总是让学员两人一组，用两组有趣的问句让学员体会不同思维方式。在进行训练时，学员会以自己的烦恼为主题，一人当助人者，一人当有烦恼的人。

A 组问句

——最近有什么问题困扰着你?

——这个问题是什么时候发生的?

——你曾与谁说起过这个问题 / 困扰?

——是什么原因造成的?

——这个问题持续多久了?

——这个问题对你的生活造成了什么影响? 会让你觉得不舒服吗?

——什么时候你觉得这个问题最严重?

——你是怎么处理的?

……

B 组问句

——我做些什么可以让你觉得好一点儿 / 得到帮助?

——如果在我们面前有一把尺子，0 代表你觉得一点儿都不烦恼，10 代表非常烦恼，你会给现在的情况打几分? 为什么打这个分数?

——什么时候这个烦恼比较不会困扰你或是不太严重?

——什么时候这个烦恼不会出现?

——当时你做了什么，让问题看起来不那么严重了?

——真是太好了，请问你是怎么办到的?

——另外，我想再问你一个问题，如果有一天（停顿 3 秒），你不再被这个问题所困扰（停顿 3 秒），那会是什么样的状况?

——你怎么知道你已经解决这个问题了?

……

扮演回答问题者的学员反应：进行完 A 组问句练习，虽然清楚问题的来龙去脉，但是像是被警察审问或是医生问诊的样子，而且有种愈说愈烦的感觉。进行完 B 组问句练习，虽然有些问题回答起来并不容易，需要花费很多的脑筋，甚至想的时间会比较久，但感觉自己并没有那么无助，还会注意自己已经“做”了些什么。而且，好像也能从这些问与答中找到解决的方向，像是在眼前出现一线曙光的感觉。同时，也会觉得助人者（提问者）好像和他们站在一起了一样。

扮演提问者的学员则反映：在进行 A 组问句练习时，虽然问得很顺畅，但会看见同伴似乎愈回答愈有无力感。而在进行 B 组问句练习时，虽然问题问起来有些拗口，但却能感觉到回答者的能量愈来愈焕发，感觉希望一直在浮现。

	分类	焦点	优势	不足
A 组问句	问题导向思维方式	将焦点放在问题上	经过有脉络的思考，可以厘清事情的来龙去脉。	容易推卸责任和花较多力气思考“为什么”“事情是怎么发生的”，和问题一起被困住！
B 组问句	焦点解决思维方式	将焦点放在解决上	可以让被问题困住的人借由这样的问话看见自己的力量与资源，进而产生强大的希望感。	使用我们比较不熟悉的语法构成，需要不断练习。

两组问句甚至可以并用，不只是将注意力放在“找成因”上面，而错过了“解决问题”的机会。

此外，从与许多儿童及青少年的临床经验中，我发现一直想要找“为什么”和一直问“为什么”，其实很容易引发孩子的敌意与愤怒。因为他们有时连自己都不知道自己为什么会做那些事，更遑论回答你了。而另外的常见状况是：就算知道为什么，他们也无力解决那个“原因”。因此，与其把时间花在无效的事情上面，不如运用智慧，将焦点放在对的地方，“留下力气，解决问题”。

即学即用 ABC

孩子学习成绩不理想，试着先不去问孩子“为什么”，而是与孩子一起思考与讨论：

孩子对这样的成绩满意吗？

____

要如何才能够帮助孩子达到他理想的成绩？

____

____

____

Tips

我们有权利得到自己应得的。要达到这个目的，就不能一直探论这个问题本身，或是把注意力放在这上面。我们可以从另一个层面来思考问题，促进问题被解决。只要说明自己实际的渴望，和可以提供解决方案的家人、师长、朋友、专业心理咨询师洽谈，将会缩短处理问题的时间，让需求能更快地处理。在这个过程中，我们也会让自己更快乐。

第 6 天 教养没有标准答案——孩子这么做一定有一个重要原因

每个人都活在自己的主观世界中

“没有标准答案”是 SFBT 的一种重要思维方式。每个人都活在自己的主观当中。例如，有的人认为这个世界很美好，那他就活在这样的主观世界中，无论发生什么事，都认为这是老天爷要给他学习的功课；有的人认为人性本恶，那他可能就活在事事都必须提防的主观世界里，对人也处处留意，免得被骗或是遭遇不好的事情。

其实，我们怎样解读我们自己、这个世界，以及我们怎么和这个世界互动是互相影响的。比如，大陆热播的综艺节目《爸爸去哪儿》第一季中，王岳伦导演在节目刚开始时说“我是个不太专业的爸爸”（原来对自己的意义）。由于节目中爸爸们必须煮饭给孩子吃，开始时王导看起来是那么为难，还被节目旁白打上“黑暗料理”，但随着他硬着头皮将饭做出来，再加上女儿总是捧场说“好好吃”（经过彼此互动产生的经验），给了爸爸莫大的信心。后来，每当要做饭时，王导都不再露出很伤脑筋的表情，在节目中照顾女儿也愈来愈上手！

这也提醒我们，我们在注意孩子的脑袋想什么（孩子的主观世界）之外，更要注意与孩子间的互动。因孩子的小脑袋中装的主观世界固然重要，但更要紧的是经由与孩子互动创造不同的经验，它可以引领孩子建立对自己更好的意义，帮助孩子成为一个更优秀的人。

绘本《点》带给父母的启发

我在大陆生活时，阅读了南海出版社所出版的绘本《点》[1]，这本书很好地展现了 SFBT 的一种基本假设——没有标准答案。

画图课结束了，葳葳还无法离开，因为她的图画纸是空白的。画面中的葳葳瘪着嘴，看起来极不开心。

为什么呢？有可能来自老师的外在压力（无法交功课），或是不满的内在压力（觉得自己很差劲，不会画图）。

老师走过来看着葳葳的图画，对她说："暴风雪里有一只北极熊。"葳葳转过头来对着老师说："真好笑，我就是不会画图呀！"

生活中经常发生，大人常常想要帮忙，但却总是帮倒忙。故事中，葳葳已经觉得自己是个不会画图的人了，所以她才什么都没在图画纸上画。老师这样说，很容易让孩子觉得更难堪，但也可以看出来，葳葳此时觉得自己是个不会画图的人（对自己的意义），同时，因为很自卑，所以也容易因为防卫而说出攻击性的言语。

1 《点》：〔加〕彼德·雷诺兹文·图，邢培健译，南海出版公司，2010年6月。——编者注

老师笑着让葳葳随便画几笔，看它最后会变成什么。葳葳便拿起笔，很用力地在纸上点了一个点，然后把纸拿给老师。

反正老师只说随便画几笔，又没说要画什么！这时候，葳葳还很不开心，这是因为儿童情绪控制能力的发展尚未成熟，所以没有办法一下子就控制好自己的情绪，父母与师长必须更有耐心地引导。

老师把纸推到葳葳的前面，轻声说："请签名。"葳葳想："虽然我不会画图，但是我会签名。"

老师不但没有因为葳葳的态度而生气，还做了情绪控制的良好示范，更从中找到葳葳可以做的事情，这对孩子是何等重要，于是葳葳在纸上签了名。

一个星期之后，葳葳走进教室，吃了一惊，因为老师不但把她画的"点"配上金色旋涡的画框，还把它挂在老师座位的上方。于是葳葳想："我可以画得更好！"

因为老师的鼓励，孩子开始有了不同的自我概念，透过老师裱框她的画的经验（暗示孩子，她的画很重要），改变对自己的意义（我可以画得更好）。

葳葳打开没有用过的水彩，开始工作。她画了好多颜色的"点"，其中有小的"点"，也有大的"点"，有单一颜色的"点"，也有混色画出的"点"，最后还用留白的方式，画出了一个超大的"点"。

葳葳本来觉得自己是个"不会画图"的人，透过与老师的互动经验，她逐渐觉得"我可以画得更好"，并开始创造不同的经验(不同的"点")。

学校因此帮葳葳开了画展，来看画的人当中有一个小男孩，他看到葳葳时，崇拜地说："你真是一个伟大的画家，希望我也能够像你一样！"葳葳回答他："你绝对没问题的！"

葳葳并没有否认自己是个伟大的画家，相反地，她已有画家的架势，更难能可贵的是她将老师对她的鼓励在无形中潜移默化，也鼓励起小男孩来。

到故事的最后，葳葳接受自己是个"伟大的画家"。葳葳对自己的意义：

不会画图→可以画得更好→伟大的画家

期间，有很大的转变，其中老师对她的包容、耐心与赏识，帮助葳葳建立了成功经验，功不可没。

教养没有标准答案

事情没有标准的答案，父母在处理孩子的事情上，也是没有标准答案的。例如，从前父母认为"父母必须有绝对的威权""孩子不打不成器"，现在则强调与孩子共同合作的正向管教。在教养孩子时，父母要常问一下孩子："除了这个答案或解决方法，你还看到了什么？想到了什么？"

因为答案本身并不是最重要的，更重要的是让孩子启动思考，知晓人的思绪不是并行线或是单面交集，多方考虑可以呈现放射性的思维。父母也可以借由从创造不同的经验中，帮助孩子拓展认识，提升能力。

一定有一个重要的原因让他如此

在进行心理咨询时，这样的态度也影响到我与孩子的互动方式，由于我的咨询对象多是有问题的孩子，他们的生命充满糟糕和不好的经验（不是一直被打骂教育着就是毫无理由地受到贬低），因此他们的自我价值感往往比较低，与外界的互动也多是负向经验（因为潜意识觉得自己不好，所以会放任自己做偏差行为），这样又在无形中加深了外界对他们的负面印象，因此也造成这样的孩子容易引起老师反感。也因此，通常接到新的咨询对象时，他们常常是以一种挑衅或是不屑的态度和行为与我互动。

例如，一直不耐烦地抖脚；不停地问“好了没啦？可以走了吗”；或是在我面前脏话不断……其实，这些行为充分反映了孩子对进行咨询的抗拒与对大人的不信任（我怎么知道，这会不会又是一个“觉得我不好，要纠正我的大人”）。但我总是可以平心静气地面对，因为我知道这是一个“过程”，孩子正在透过与我的互动，建构出他对进行心理咨询的意义，若是我可以创造一个不同于他以往与其他大人的互动方式，就会改变心理咨询对他的意义。因此，如果遇到这样的孩子时：

第1步：父母、师长需要先耐下性子。

第 2 步：在心里想："一定有一个重要的原因让他对我的态度变成这样，那是什么呢？"

第 3 步：用相同的问句问孩子："一定有一个重要的原因让你这样对我，那是什么呢？"

如此，可以展现你对孩子的同理心，也可以让孩子稍微放下一些对你的敌意，进而产生更正向的互动。

请父母更多地注意孩子的正向行为，无论这些行为多么细微。要总是专心睁大眼睛去搜寻，一旦发现了，就立刻说出具体的赞美，让孩子知道你"看见"了。例如：

"小豆，妈妈注意到你今天准时起床了！"

"毛毛，你今天将书包整理得很整齐，妈妈好开心！同时，妈妈也想知道，你是怎么做到的？"

这样的做法对孩子是个赋予能力的过程。通过这样赞美的互动方式，可以让孩子觉得他很有能力。

因此，协助孩子创造成功的经验，让他们借此来重新改变对自己的意义，认为自己是个有价值的人，在家庭教养中是一件非常重要的事。而我们在此过程中要协助孩子的，其实就是帮助他们发现自己的能力，进而使他们建构自己未来精彩的人生。

Tips

让我们与孩子从“对”与“错”的思考方式转换为“得”与“失”的思考方式。因为从得失角度看待问题没有标准答案，比较不会在处理事情时不理性地做出“100% 得利”还是“100% 失利”的结论。这样我们才比较容易接受客观的事实，并做出正确处理！

即学即用 ABC

学校班主任打电话跟你说孩子在学校打人，你可以在孩子回来时先试着这样做：

1. 先问自己：孩子这么做一定有一个重要的原因，原因是什么？（找出三个答案，写下来，但无须让孩子看见。）

____

____

____

2. 问问孩子："妈妈 / 爸爸想，你这么做一定有一个重要的理由，能告诉我吗？"

____

3. 与孩子讨论如何解决才是最有效的方法。

____

____

第 7 天　重新建构——看见孩子的另一面

经验分享

觉得自己很懒惰的小均

小均是一名初三学生，他会来咨询，是因为妈妈非常担心他的功课，以及即将到来的大考，生怕他再这样懈怠下去会考不上理想的高中。

小均一来，就对我说自己是个很懒的人。

我问他："你哪里懒呢？"

他跟我说："我什么都懒啦！连我妈妈都说我是个懒人。"

我问他："譬如哪些事情？"

小均倒是很爽快，他说："就是懒得读书，懒得做功课，懒得补习，懒得写复习卷，也懒得订正错题！"

我一听发现小均懒的事情都和功课有关，于是心想，他应该不是懒，只是没兴趣读书罢了。可是当他将自己定义在"懒"时，也暗示着事情改变的可能性是很低的，因为"懒"是一种人格特质，不容易改变。

因此，我不动声色地问他："小均，老师想要知道，你会不会懒得和同学出去玩，懒得看电视，懒得打游戏呢？”

只见小均摸摸头，有点儿尴尬地说：“好像都不会耶！我还蛮喜欢做这些事情的。”

小均的回答证实了我的猜想，于是我又仔细地询问了小均每天从早上起床至晚上睡觉的作息，从小均的回答中，我发现两件事：

1. 小均每天无论阴晴与否，只要不是台风天、爸爸不准他出门，他每天都会在5点准时起床前往篮球场去打篮球。他打篮球完全是因为自己喜欢，所以并没有特定与谁约好。

2. 从小均的每日作息描述中，我发现他根本没有读书时间，扣除到学校的时间之外，小均回到家后的时间都花在与同学聊天、看电视、打在线游戏以及逛社交网站上。

于是，我对小均说：“你并不是懒——”小均很快地打断我，喃喃自语道：“怎么可能！”我接着说：“因为一个风雨无阻、每天都5点起床的人一定不会是一个懒惰的人，我想你只是没有把读书这件事情放进你的日程里罢了！”

小均此时眼睛都亮了起来，他兴奋地问我：“真的？那我要怎么做呢？”于是，我和小均重新仔细地安排了他回家之后的所有时间，减少了部分聊天、看电视、打在线游戏以及逛社交网站的时间，同时将多出来的时间挪作读书之用，解决了小均的困扰。经过一段时间的坚持，小均的功课大有进步。

在上例中，我使用的方法是重新建构了小均对自己的自我价值——懒，以及“懒”与“读书”之间的错误联结——其实他不懒，只是没有把读书时间排入而已。这个方法不但帮助小均解决了问题，还提升了他的自我价值感。

重新建构的意义

SFBT 将“赞美”和“重新建构”合称为“正向眼光”。重新建构是 SFBT 的一个很重要的技巧与精神。

重新构建指的是：我们基于事情不会只有一个面向，从不同看待事情的眼光，看到当事人的特质、优点、动机、努力……引导他看见事情的其他面向，进而拓展当事人的思考，引发不同的行动。

在台湾很有名的绘本作家幾米的书中，有几张图片表达的含义很符合这样的思考方式：

被响起的闹钟吵醒——表示我还活着；
有巨额的电费账单——表示冷气吹得很爽；
衣服愈来愈紧——表示我吃得很好；
一天结束时的肌肉酸痛——表示我有拼命工作的能力。

发现了吗？幾米的几个描述的共同点是：前面的叙述令人不快，好似太极图中的“黑”，可是，当你意识到另一个层面——被闹钟吵醒，可以庆幸我还活着的时候，就像是太极图中的“白”。当思绪方向不一

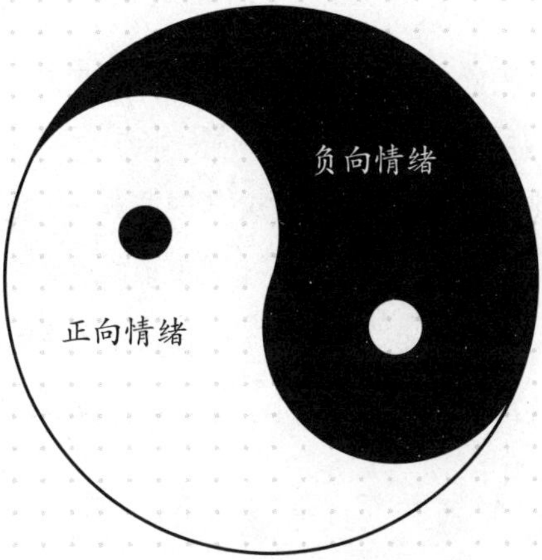

心情太极图

样时，也会影响心情。让内心充满着感谢，生活充满着喜悦（太极图的“白”），就不会被不舒心、不耐烦（太极图中的“黑”）占据了。

重新建构的另一个意义是：我们了解了孩子描述的事情并重新诠释后，赋予相同的事件不同且正向的意义，看到了事件本身所带来的正面价值，进而形成新的解决方案或是行动。

例如，女儿3个多月时得了感冒，我刚开始一直不能理解，孩子是母乳喂养，根据经验吃母乳的孩子甚少在哺育期间生病，但她竟然这么小就开始生病。这使我忧心忡忡，直到小儿科医师给女儿看完病后恭喜我，我才从他的话中找到另一种思维，医生对我说：“恭喜你，孩子生病是一种锻炼抵抗力的体现。从生病到复原的过程让孩子的抵抗力愈来愈好，让身体愈来愈强壮！”我听完医生的话不但破涕为笑，也开始将力气花在照顾孩子而非担心孩子身体上。

一部电视剧中曾有这样的情节：女主角因为先生外遇离婚。经过一段时间之后，她开始反省自己在婚姻中的作为，并不是一味责怪先生因为受到第三者的勾引而抛弃她。她切实思考自己在这样的事件中学到了什么。在剧中，她重新建构了对先生外遇的理解——她说：“他有追求爱情的勇气，宁愿放弃平静的生活，也要勇于追求爱情。”也重新建构了目前的状况——虽然失去了所爱的人，但这是上帝要给她的新功课，因此她没有沉浸在离婚的郁郁寡欢中，反而站起来，找到了属于自己的幸福。

重新建构的功能与注意事项

因此，重新建构的功能就是：

1. 透过此过程来引导孩子看见事件中的正向意义。
2. 带领孩子重新诠释事件中所带来的不好经验。

与其说重新建构是一个技巧，不如说它是一种态度。重新建构的英文为 reframing，其中包含了两重意思，一是 re——重新，一是 framing——框架。“重新”的意思大家自然都懂，“框架”的意思可能就需要解释一下了，它指的是人们看事情的角度或是眼光。因此，在使用重新建构时要注意：

态度温和而不强势。要一个人放弃自己原本看事情的角度，本来就有难度，所以态度温和而接纳，比较容易帮孩子接受不同的眼光与想法。重新建构并非只是一味地安慰别人“往好处想”，而是需要你带领他慢慢从中领会、了解事件有另一层面的所在。

当你想要引导孩子以其他角度思考时：

✔ 问孩子：“妈妈/爸爸有一个想法，你想听听吗？”

✘ 告诉孩子：“你就是应该这样做。”

对孩子不够了解时，比较容易失败。重新建构既然会牵涉观点以及看待事情角度的改变，就表示你需要多了解孩子一点儿才能使用这种技巧。父母必须先知道，孩子是如何看待这件事情的。在做到尊重、倾听而不评论他的看法后，再加入新的观点。进入他的思维脉络之后，才容易引导他重新建构！否则就会形成强迫，就算父母的观点再好，孩子也无法接受。

当孩子回家跟父母抱怨同学小明不跟他玩时，父母可以先引导孩子思考：

✔ 为什么那么在意小明？

✔ 和小明一起玩的优点是什么、缺点是什么？

✔ 不跟小明玩的时候，孩子会因此获得什么？（例如，多认识其他同学……）

如果孩子一说小明不跟他玩，做父母的立马就说：“不玩就不玩，他也没什么了不起，从明天开始你也不要跟他玩……”孩子不但没有解决问题，还失去了思考其他解决问题的方法和提高解决问题能力的机会，孩子也可能以后不敢再跟父母分享他的心事了。

重新建构 SKILLS

对同样的问题，可以从不同的角度，带领孩子重新建构认识。比如，孩子抱怨自己总是不会控制时间，常常浪费时间。我们可以通过“你是想自由使用时间”或是“你是想自由调配自己的时间”，来进行重新建构。

父母在带领孩子重新建构的过程中，必须先拓展自己看事情的角度，这样才能带领孩子看见事情的不同面向。而这个过程往往也于无意间拓展了父母许多想法与思考的角度，这样做不但帮助了孩子，也丰富了自己。

Tips

不知道你是否发现了，从第 3 天到今天，我们学习的都是在相同的事件中发现看事情的不同面向，进而赋予事件不同的意义。通过这样的练习，希望可以帮助你在处理孩子的问题时，改变思维方式，看到原来除了事件不好的一面之外，还有很多不同的信息值得注意与处理。

希望在换个角度去看待事物时，你可以产生跟以往不同的价值认识，从而获得另一种出乎意料的结果。

但需注意的是：父母在引导孩子的过程中，请勿损害孩子在人际交往方面的潜力，这样会减弱他主动与人交往的意识。此外，在孩子解决问题时，教唆式的批评言语也容易误导孩子的行为倾向。

即学即用 ABC

孩子回家哭着跟你说同学不跟他玩，你可以试着这样做，并记录下过程。

1. 深呼吸，安定自己的情绪。

你的感受：______________________________

2. 问孩子如此想和那位同学玩的原因？

孩子的回答：______________________________

3. 若是不跟同学玩，孩子会损失什么？

孩子的回答：______________________________

____

4. 若是不跟同学玩，孩子可以得到什么？

孩子的回答：______________________________

____

第 8 天　创造成功经验——让孩子重获信心

经验分享

冲动的小明

在一次辅导儿童潜能团体的时候，我遇见了小明。他由于脾气不好，容易与其他小朋友起争执，总是先出手打人，因此来参加团体辅导。记得第一天早上，团体活动才开始一个小时，小明就把团体内一半的孩子都打哭了，小团员们因此吵个不停，活动根本没法进行下去。眼见事态严重，我赶紧请所有小团员都站起来，跟我学习生气时处理自己情绪的方法。我请所有的成员都跟着我握紧拳头，将其放在背后（这样不容易引起对方的敌意），心中从 1 默数到 10。我跟小团员们说："从现在开始，如果遇到不高兴的事，很想打人或骂人的时候，都要先使用这个方法，之后，再决定要怎么做！"团内全部的小朋友都非常认真地练习。当天下午，冲突果然减少了许多。

第二天一大早到办公室的时候，助理告诉我，小明和几个孩子早就到了。我刚走到团体室的门口正准备进去时，便听见小明的大声咆哮，我赶紧走进去，发现小明正在恶狠狠地瞪着另一个成员小豆，他的脸离小豆的脸不到 10 厘米，就在此时，我注意到小明握紧拳头的双手，颤抖地放在背后，而过了 10 秒钟，小明竟然还没动手，我心中一亮，连忙高声呼唤小明，只见小明转过头来，怒气冲冲地对我说：“什么事，我才数到7!”我马上跑到小明的身边，蹲下来扶着他的肩膀，又惊又喜地问他：“你刚刚是在使用昨天学习的方法吗？”小明点点头，我开心地看着小明，希望借此传达我的高兴与感动。在当天团体活动一开始时，我便向全体小团员宣布了这件事情，也请全体团员都为小明拍手表示鼓励。只见小明开心地笑了，在那一刻，我知道已经将“掌握自己情绪的成功经验”放在了小明的生命经验中。果然，在之后的团体活动中，小明大大降低了打人的频率，不但如此，小明还开始结交新朋友了。

小小的改变带来大变化

SFBT看重每一个小小的改变，“相信一个小小的改变会带来大变化”，达到滴水穿石的效果。比如，上例中借由一个改变——小明学会了控制情绪的方法，又引发了其他改变——改善人际关系。而引导团体其他孩子去行动（一起替他鼓掌），让小明在团体中感受到同伴对自己的善意，进而在面对同伴时也会产生一些不同的行为。由此可见，即使是小小的变化，都要予以珍视，因为那可能就是解决问题的关键。

“再保证”对于孩子的重要性

Tips

“再保证”指的是我们对孩子表达：不管发生什么事，我都会爱你这个人，也许你的行为需要修正，但我不会因为你的行为不喜欢你！

在心理咨询时，我常常遇到试图挑衅我的咨询对象。这些孩子因为生命经验的不良遭遇（比如，遭受了家庭暴力或侵害等），对自己的意义与自我概念也往往较差，他们不愿意相信自己是好的，同时也不愿相信会有人真心对他们好。面对这样的孩子，我心中充满心疼，因为他们觉得自己不好、没人疼爱，所以不在乎自己，也不会想要改变自己的行为。对这样的孩子而言，必须先透过“再保证”，给予他们接纳与爱的感觉，再帮助他们建立成功经验，如此才能真正扭转他们低落的自我价值感。

一般家庭中的孩子，也有可能因为父母在教养上无意地不当贬损（例如，骂孩子很笨、没用，或做一些人身攻击等），造成孩子自我价值低落。如果父母想要对孩子的人格发展有帮助或是改变亲子关系，也需要从“再保证”开始，对孩子的情绪、感觉与行为给予支持与同理：

- 对呀！爸爸妈妈也觉得那真的很难。
- 我觉得突然发生这种事情，让我很伤心……
- 嗯！换成是我，也会很难过。

让孩子感受到：

——不管发生什么事，父母永远都爱他。

——不管发生什么事，父母永远都会陪他一起面对。

让孩子感受到来自父母的无条件接纳和支持，并配合“三不措施”——不分析、不批评、不建议。如此一来，才能帮助孩子安心地在成长的道路上稳稳前进，继续产生学习、探索创造的动力。

《飞行少年》的启发

经验分享

台湾纪录片《飞行少年》曾记录了这样一段故事。

2006年的夏天，台湾的青少年观护人[1]卢苏伟和老师们带领着30个孩子展开了一场骑着独轮车20天环岛1000千米的旅程。这群孩子来自台湾各地，有的是社政单位保护的当事人，比如，遭受家庭暴力、失亲失养或是家境清贫等；有的是法院安置的有行为偏差的少年。

1 青少年观护人负责针对未满18周岁被处以非刑处罚的犯罪人（在这里被称为“飞行少年”）的调查与辅导。

在这20天当中，并非总是一帆风顺，孩子们遇到过台风、大雨，也发生了私自脱队、与师长有摩擦等惊险状况，但他们还是克服了种种困难，完成了用独轮车环岛的旅程。

这群过去觉得自己不重要、一直犯错的孩子，通过这样一段旅程——从骑在独轮车上一直摔下需要努力维持平衡，到顺畅地骑车环岛。

对他们而言，收获的不仅是能够坚持与完成这趟不容易的旅程。他们在其中不断照见自己，同时也通过这样的成功经验，修复了对自己生命意义的理解，改变了他们对“困难”的认识，更感悟了“坚持”和“做到”的意义。

卢苏伟老师相信：如果能给孩子一个强而有力的成功经验当他生命的依靠，这些孩子就不会走偏路。

因此，协助孩子建立成功经验，就等于送给他们一生受用的礼物，我们当然无法一辈子陪伴在孩子身边，但我们却可以通过这样的举动，帮助孩子建立良好的自信心与自我价值感，这比什么都重要！

在纪录片MV《风中的羽翼》中，有这样一段话，希望能给父母以启示：

这里有一群失亲失养的孩子
我们想用社会集体的力量
想用一种特别的方式

送给这一群青少年一生受用的礼物

让他们能脱离社会边缘人的命运

要他们有能力给予人们帮助

给予社会信心与希望的火花

我们用独轮车让他们经历爱与成功经验

让这群孩子知道

希望在每个人手里

只要有永不放弃的坚持

没有做不到的事和实现不了的梦想

即学即用 ABC

请帮助你的孩子，根据他的年龄发展，创造一个属于他的成功经验，并记录下来。例如，独自完成一件事或是学会一样从前不会的事情，并在他完成之后，大声为他喝彩！

孩子完成的事情：________________________

你对孩子说的话：________________________

孩子的反馈：________________________

____

____

第 9 天　SFBT 赞美法——正向眼光对孩子的帮助

过去每当要进行"赞美"课程训练时，许多学员总会告诉我："陈老师，我们听过太多不同老师讲的赞美，都已经听腻了，可以跳过赞美，换下一课吗？"但当我告诉他们SFBT赞美法与他们过去所学的有多么不一样，并配合案例解说时，学员往往折服，愿意重新学习。

其实，赞美就像一种魔法香水，能够散发出难以想象的感染力！它可以平衡人们多半只注意到自己做得不好之处和缺点。通过赞美，也可以改正我们性格中比较悲观的那一面。试想，若是我们可以注意到自己和别人生命中比较美好的部分，那生命岂不是会拥有更多正能量吗！

经验分享

阿爆的转变和突破

和阿爆相遇的那一天是一个撒满阳光的午后，但阿爆进行心理咨询时的脸色并不如外面的阳光灿烂，反而在他黝黑的脸庞上布满了许多阴霾和不屑。在简单的自我介绍之后，他终于按捺不住自己的情绪，不耐烦地问我："找我有什么事，干吗叫我来心理咨询？"

阿爆是一个小学高年级的孩子，社工转介阿爆来心理咨询是由于他在学校与同学发生不明原因的争执后，个子又高又壮的他不但动手打伤了同学，在余怒未消之下，甚至用自己的手打向难以碎裂的强化玻璃。也因此，他进医院缝了好多针，需要进行半年以上的复健训练。社工人员非常担心他的情绪问题，所以希望通过心理咨询能给这个儿时受虐、长大后又脾气火爆的孩子一些协助。

我与阿爆第一次见面时，阿爆的戒心非常强。当阿爆听完我的自我介绍之后，很冷漠地说："我和你没什么好说的。"我只好仔细地观察阿爆。看到阿爆手上布满大大小小的伤，我关心地问他："要不要擦药？"阿爆看到我这么做的时候，虽然嘴巴上还说"那些都已经结痂，不需要擦药了"，但我观察到他脸上的冷漠之情稍有松动，也愿意和我聊聊平常喜欢什么、讨厌什么。最后，当心理咨询时间结束时，我试着邀请阿爆下一次再来接受心理咨询，阿爆竟然愿意，同时也答应我每次心理咨询都要带联络簿让我参与他的生活。

也许是第一次见面经由真诚的关心，让阿爆这个外表冷酷的孩子内心感受到了些许温暖，他的冷漠也慢慢地融化了。接着的几次心理咨询，阿爆开始愿意谈到他对自己的自我伤害行为——用手打玻璃，也愿意让我引导他思考自我伤害行为的"目的"与付出的"代价"。之后，他更愿意与我讨论"如何处理自己的愤怒"，并开始学习新的处理愤怒的方法。令我开心的是，阿爆竟然主动与我分享，他将学到的情绪控制方法运用到生活中：某天，他在很生气时没有打人，是因为他曾经在进行心理咨询时和我讨论到：可以透过肢体语言的改变以及在心中默数，来转移自己的生气情绪。

第五次心理咨询，阿爆来见我时忘了带联络簿，在征求社工人员的同意之后，我陪阿爆回学校拿联络簿。于是，我和阿爆的班主任有了一次短暂的谈话。班主任分享了阿爆令他担心的行为（例如，不爱写作业、调皮捣蛋、上课不专心……），在我问到阿爆除了这些令他担心的事情之外，有没有一点点小小的进步时，班主任想了一会儿之后，缓缓地说出了阿爆最近的不同——虽然还是会脾气火爆（例如，与同学对骂时会恶狠狠地瞪着同学），但最近没有"动手"打过同学。

和阿爆的班主任结束短暂的谈话之后，我在楼梯口找到了逃之夭夭的阿爆（因为阿爆很怕我和班主任联手"对付"他）。我一脸正经地问阿爆："你猜，老师刚刚跟我说了些什么？"

阿爆面露防卫地说："一定是说我不交作业、调皮捣蛋、上课不专心……"

我又问："还有呢？"

阿爆很不高兴地说："怎么会还有，没有了！"

我逗阿爆说："还有吧，再想想。"

阿爆一副快抓狂的样子说："没有了！"

我跟阿爆说："想不想知道老师还说了什么？"

阿爆一副要杀要剐悉听尊便的样子说："随便啦！"

于是，我就慢慢地说："老师——刚刚——告诉我——阿爆这一个月来很有进步——愿意控制自己的脾气和行为——他很开心！”

阿爆一脸不可置信地说：“那——不是我们老师吧！”

我哈哈大笑，同时拍着阿爆的肩膀说：“当我听到老师说，阿爆这一阵子比较愿意控制自己的行为和脾气时，我好开心，也好骄傲！”

之后，我又用手当麦克风做主持人访问状，问阿爆：“阿爆你是怎么做到的？”

阿爆一方面面露开心，一方面又有些不好意思地说：“没有啦，我没做什么啦！”

我不死心，又追问：“阿爆，我真的好想知道，你是怎么做到的，拜托你告诉我嘛！”

阿爆摸摸自己的头，不好意思地说：“我真的没做什么，就是在很生气的时候，把拳头放在背后，先从 1 数到 10，再问自己，我这么生气打他有用吗，会不会打他反而让我被处罚，然后就快速地跑到卫生间去洗手，好像这样做还蛮有效的。”

我又问阿爆：“如果社工阿姨知道你可以控制自己的脾气了，你猜她会对你说些什么？”

阿爆没有回答，只是一直笑着。

自此之后，每次我与阿爆进行心理咨询时，他都愿意让我分享他的心事，也会告诉我他对事情的感受与想法……

赞美孩子的基准[1]线要是孩子自己的基准线

在使用赞美时，首先要注意的是：父母在用什么基准线来要求孩子。为什么这样说呢？许多人都知道赞美很重要，但就是怎样都无法赞美他人。在心理咨询中我常发现，这样的人多半都认为“做好是应该的”，既然是应该的，又何来赞美呢！于是就无法赞美他人了。

我曾经遇到一位爸爸，他是一位留洋博士，据他自己说他从小就很优秀、很能干，7 岁就会帮全家人做早餐，考试总是得第一名，因为家教十分严格，所以做家事也很利索，因此他实在不明白，自己的儿子为什么一无是处。当然，他也就从未称赞过儿子。他老觉得儿子什么都干不好，将亲子关系搞得十分糟糕。儿子觉得爸爸总是在挑剔自己，甚至觉得爸爸不爱他。咨询之后，这位爸爸猛然发现，他判断儿子的标准是根据自己而来，因此在修正了基准线之后，他便能更容易地看见孩子的小进步与小改变了！

SFBT 赞美法

1. 停止做错就值得赞美。对孩子来说，停止做错其实就是一种小进步。例如，孩子从每天打人进步到 2~3 天打一次人，虽然还是有打人的行为，但是打人次数已减少、打人的频率已经降低，显示孩子已朝正向

1　标准。

行为前进，就可以借着赞美孩子，让他充满更多的正能量，这样问题行为也比较容易得到解决。

2. 赞美就像送礼物，不需有目的或回报。只要孩子有好的想法或表现，就值得赞美。许多人都误以为赞美要带有“某些目的”或是“期待”，才能帮助孩子进步。殊不知，有目的或是期待的赞美只会让孩子误解你的美意，以为你对他的赞美是“别有用意”，甚是可惜！其实，孩子只要“清楚”地知道自己能力的优势或长处在哪里，就会很自然地往那个方面进行。我们小时候不是都有类似经验，哪一科考得好，就会一直读哪一科吗？实在无须大人“画蛇添足”地过度担忧，一直强调指导。

赞美的 3 种形式

SFBT 的“赞美”有 3 种形式，这 3 种形式可分开亦可并用。

1. 直接赞美：用直接叙述的方式，并具体地说出孩子值得赞美的地方。

“阿爆，你真的愿意学习控制自己的脾气呢！”

“大宝，妈妈看见你今天主动写功课，我好开心，你真是个自觉的孩子呢！”

2. 自我赞美：当孩子有成功经验或是有进步时，通过我们对他的自我赞美问话，不但可以协助他体验这个过程，还因为他会回想自己是怎么做到的，可以进一步让他拥有更高的自我价值感，对提高自信也有帮助。

“阿爆，我真的很想知道你是怎么做到的！”

“大宝，你怎么会想到要自觉地写功课呢？”

3. 间接赞美：以问句的形式出现，引导孩子思考与说出孩子的“正向重要他人”，可能对他的赞美，让他感觉到自我价值。

“如果社工阿姨知道，你可以控制自己的脾气了，你猜她会对你说些什么？”

“大宝，如果爸爸回来知道大宝今天这么自觉，你猜爸爸会说些什么？”

容易功亏一篑的赞美方式

无论是在心理咨询的过程中，还是在平日生活观察中，我发现大部分的父母、师长都愿意使用赞美，但却常常误用。什么样的赞美是必须避免的呢？

问题状况 1：有期待或是目的的赞美。

例如，孩子这次考试进步了。

✗ “大宝，我好开心你这次考试进步了，你看你是做得到的，下次要考得更好噢！”（有期待）

✓ “大宝，我好开心你这次考试进步了，你是怎么做到的呢？”（无目的）

前一种赞美会让孩子感觉到压力，孩子比较不容易延续同样的正向行为。

当我们想要赞美孩子时，必须是真心的，而非想要利用赞美来驱使孩子做某些大人想要他做的事情。因为孩子的敏感程度往往超过大人的想象与估量。

曾经有一个咨询者对我说：“陈老师，我以后再也不要相信妈妈说的话了！”我连忙问他发生了什么事，他对我说：“有一次，妈妈叫我去倒垃圾，可是我正在看动画片，不想去，妈妈就说我不像以前那么乖了，原来妈妈常常称赞我乖，都是要利用我去做家事！”所以，父母实在不宜将赞美视为手段，以免弄巧成拙！

问题状况 2：敷衍的赞美。

例如，孩子将地板拖得非常干净。

✗ “大宝，你最棒了啦！”“大宝，你真厉害！”

✓ “大宝，你今天把地拖得真干净！”

前一种赞美因为没有具体事实，容易让孩子觉得你只是随口说说，久了之后，孩子也不会将这样的赞美当一回事了。而且这种赞美容易养出表面上自大骄傲但内心自卑的孩子，因为他不知道自己究竟哪里好！

问题状况 3：言过其实的赞美。

例如，孩子上次考国语 70 分，这次考试进步 5 分。

✗ “哇！大宝，你是全世界考得最好的小孩，我没看过比你更聪明的孩子……”

✓ “大宝，你这次考试有进步，妈妈很开心。”

前一种赞美太夸张了，容易让孩子养成自大的习惯。

问题状况 4：讽刺性的赞美。

例如，孩子请姐姐替自己写作业。

✗ “你真聪明啊！作业都请你姐姐帮你写。”

✓ “你不应该请姐姐帮你写作业。”

前一种赞美不但对孩子以及解决事情没有帮助，还容易衍生更多的问题，造成孩子的心理负担和贬低孩子的自尊，无形中造成孩子缺乏自信。

问题状况 5：比较式的赞美。

例如，孩子最近学会了控制自己的脾气，不再总是乱发脾气乱打人。

✗ “大宝，妈妈觉得你最近进步很多耶，都不像之前老爱发脾气还直打人，妈妈真的觉得你很棒！”

✓ “大宝，你能学会控制自己的情绪，妈妈觉得你很棒！”

前一种赞美容易造成孩子思绪的混乱与认知失调，孩子不知道你到底是在夸他还是在骂他。

Tips

心理学家威廉·詹姆斯说：“人类性情中最强烈的，是渴望被人认同。”每个人天生都渴望得到他人的赞赏，同样地，也都惧怕被责难。许多心理学家都以小动物做过训练实验，来比较鼓励和惩罚对小动物的影响。实验结果一再显示：经常受到鼓励、肯定比经常受到惩罚的小动物学习效果更好。所以，恰当的赞美不但可以帮助孩子重拾自我价值感，提高自信心，更可以帮助父母与孩子之间建立良好的关系。有了良好的亲子关系，父母对孩子的教导才会更有效。

赞美的 3 个条件

正确的赞美，除了必须避免上述的状况之外，还要注意什么呢？那就是必须满足下面 3 个条件：

条件 1. 真诚：父母在称赞孩子时，态度是真心诚意的。

条件 2. 具体：尽量找到具体的内容进行赞美。不光只是孩子有好表现的具体行为可以赞美，如孩子的态度、对自己的期许、动机、努力程度等都可以列入赞美的范围。

条件 3. 叫出孩子的名字。名字对人有“重新唤起注意”的功能，因此在赞美孩子时，最好可以叫出他的名字。

赞美的公式

Step 1：孩子的名字（例如，大宝）

Step 2：孩子做的具体好行为（例如，妈妈看见你今天主动写功课）

Step 3：你的感受（例如，我好开心）

Step 4：问孩子：“你是怎么做到的？”

Step 5：如果 ×× （孩子的正向他人）知道你……，他会说些什么？（例如，如果爸爸知道你今天主动完成功课，他会说些什么？）

即学即用 ABC

一句赞美的话，影响力可长远到一辈子！

1. 请用今天所学会的赞美，赞美你的家人或是孩子，观察并记录下他们被赞美后的反应！

2. 闭上你的眼睛，回想从小到大，你曾被真诚地赞美的 3 次经验与感觉。

第 10 天　相信孩子拥有解决问题的能力

相信今天要阅读的内容，对某些父母而言是一个挑战，因为一般父母总认为：父母需要帮助孩子解决他的问题。

经验分享

想帮班主任管秩序的母亲

一位爱子心切的妈妈对上高年级的儿子呵护备至，不但日常所有的事情都帮他办理妥当，甚至在儿子抱怨上课的班级很吵的时候，还越俎代庖地在儿子上学期间，到学校去坐在班级最后方，看着孩子们上课，“替”班主任管秩序，保证她的孩子有一个“良好”的学习环境。她的这种做法不但搞得学校鸡飞狗跳，还连累她的儿子被同学看不起，觉得他这么大了还什么事都要依赖妈妈，像是一个“妈宝”，严重影响了孩子的人际关系。

一位妈妈前来咨询，她说自己的孩子老是太“在乎”某个同学。当某个同学不理孩子时，孩子常常暗自伤心，弄得她也很揪心，不知道应该如何“帮助”自己的孩子！当我问这位妈妈之前都是怎么帮助孩子的，妈妈回答说：“就是告诉她，他不理我们，那我们也别理她，哼！谁怕谁呀！”可是孩子却没有一次听进她的话，所以她也不知怎么办好了，只好前来寻求咨询。

很多父母在孩子出现问题时，常常觉得自己“必须”帮助孩子，因此不是很快给予孩子建议，就是主动积极地代替孩子解决问题。

还有些孩子在学校打人，父母会一头栽进孩子的问题里，想要赶快“让孩子做对的事”，或用说教、处罚等方式直接告诉孩子不可以打人。但是这种做法却没能让孩子明白“为什么不可以打人”，或是让孩子自发地决定“不打人”。

通过多年工作我发现，这样处理孩子的问题，孩子再犯的概率极高。这种方式不但造成大人们背负过大的压力，同时也间接促使孩子不能对自己的事情负责任。因为父母的建议很可能是孩子不想做或是做不到的。更有可能的是，他根本就不认为这是一个需要被解决的问题，所以常常看见父母使用直接建议来处理问题造成两败俱伤的情形居多。

每个人都是解决自己问题的专家

如果父母一直将孩子的事情扛在自己肩膀上，不但无助于孩子能力的增长，同时也会让自己容易感觉疲累。虽说孩子是父母最甜蜜的负担，但父母若是愿意相信孩子从小就拥有解决自己问题的能力，进而帮助他们发展这样的能力，随着孩子渐渐长大，不但孩子处理问题的能力会增加，父母也可以渐渐卸下重担。

其实，每个人都是解决自己问题的专家，大人如此，小孩亦如此！

只是孩子因为发展较不成熟，需要较多的引导，但这绝非他们需要直接“被帮忙”！父母若把自己看成是引导者——就像父母是一盒色彩，子女是支画笔，他必须借着你的色彩才能挥洒出人生亮丽的画布，但其实孩子的人生是需要自我负责的。促进孩子的责任感，不但能促进孩子对自我负责，大人的压力也会同步减轻。

很多父母认为孩子的问题与导因是因果关系，就像吃太多红薯会导致胀气，因此他们努力寻找原因：

——什么样的问题困扰着你？
——问题是什么时候发生的？
——什么原因造成了这个问题？
——是谁造成这个问题的？
——这个问题持续多久了？
……

所有的问句都围绕着“问题”本身打转，传达的意念就是：我来帮你解决问题。

其实，生活中的每一件事都没有绝对的真理。不论是咨询师和求助者，还是父母与孩子都并非上对下的医患关系，而是一种合作的伙伴关系。每个人——包括孩子，都是解决自己问题的专家。而助人者——父母的功能是去赋予孩子能量，使孩子可以因为提升了能量，进而有能力解决自己的问题。父母可以常问孩子：

——我做些什么可以让你觉得好受一点儿?

——什么时候你的问题比较不会出现?

——当你做什么的时候问题比较不会困扰你?

在教养的过程中，父母要如何尊重孩子呢?比如，父母可以多对孩子说“真是太好了，请问你是怎么办到的”，向孩子传达“我仅仅是带领你发现自己潜在能力的向导，你才是最清楚自己问题与能力的专家”。问问孩子他喜欢你如何称呼他(有的孩子到了青少年不喜欢妈妈一直叫他小名)，在遇到难题时，他的期待是什么?他又想要如何解决?如果父母提供给孩子的是“讨论商量”“引导”“陪伴”，不但可以培养孩子解决问题的能力，同时也能训练孩子的逻辑思维能力。

引导孩子思考是良方

经验分享

偷拿老师笔的小成

有个叫小成的咨询对象，他在学校偷了老师的笔。为他进行心理咨询时，我第一时间问孩子的并不是“为什么偷老师的笔”，而是问他“你的老师最近有什么烦恼跟你有关”。

小成告诉我，他们老师的烦恼就是他把老师抽屉的笔都拿光了。我接下来假扮成一个记者，慎重地拿纸卷成一个麦克风的形状，把孩子当成一个专家，访问他对这件事情的看法，小成告诉我:“当然不可以随便拿人家的东西呀!”

我（假扮成孩子）：“可是人家很喜欢呀！”

小成：“不可以因为喜欢就拿！”

我（嘟着嘴）：“为什么？”

小成：“因为那是偷东西的行为。”

我：“为什么不可以偷东西呢？”

小成：“因为那是犯法，会坐牢，而且丢了东西的人也会很伤心。”

我（慌张状）：“啊，那怎么办呢？”

小成：“要赶快还回去呀！对了，还要跟老师说对不起。”

我：“那你打算什么时候还呢？”

小成：“随便都可以啦！”

我（追根究底）：“那是明天，还是后天，还是星期几呢？”

小成（不耐烦）：“那就明天好了。”

我：“明天的什么时候呢？”

小成：“嗯！早上好了！”

我：“早上的什么时候呢？是一大早到学校立马就奔去找老师吗？”

小成（大叫）：“怎么可能！这样班上同学不就都知道我拿老师笔了？”

我（点头）：“真的耶！那你打算什么时候去呢？”

小成（沉思状）：“嗯……那我还是等到放学吧！”

我：“为什么呢？”

小成：“唉哟！这样才不会被别人发现啊！”

我：“那你想怎么做？”

小成：“就等大家排着队要回家时，我就告诉同学说我临时想到一件事要办，再折回教室去找老师认错和还笔不就成了！”

我：“哇！小成真棒，有在动脑筋哟！”

小成（得意状）：“必须的！”

果然，小成第二天将笔还给了老师。

在孩子遇到问题时，父母只是引导者与催化者。帮忙设定细节，协助孩子做到他们能力许可的事情，让孩子成为解决自己问题的专家，拥有解决问题的能力与资源。让我们着重在如何解决而不在探讨问题的原因上，多探索如何面对问题做出改变，改变又有哪些方法，相信孩子有解决自己问题的能力，多反问孩子一些问题，用问题来回答问题本身，引导孩子去思考……

即学即用 ABC

当孩子有困扰时，请试试下面的做法，并记录下孩子的反馈：

1. 先给孩子一个拥抱或是拍拍他的肩膀！

孩子的反应：______________________________

2. 问他怎么了，发生了什么事情？

孩子的回答：______________________________

3. 仔细聆听孩子说的话，做一位好听众，不评论也不打断。

孩子的反应：______________________________

4. 问孩子是怎么想 / 思考这件事的？

孩子的回答：______________________________

5. 请问孩子他现在想怎么做？

孩子的回答：______________________________

____

6. 视状况说出自己的想法或建议。

你的建议：

第 11 天　目的、行为与代价——让孩子自发地修正偏差行为

经验分享

满口脏话的小伟

小伟的父亲不详，母亲很年轻时生下他，把他交给姥姥、姥爷抚养，之后就不再管他。到了读小学的时候，姥姥、姥爷觉得自己无法再负担小伟的教养，于是就把他送到儿童福利院，希望可以送给好人家养育。

小伟是一个聪明又可爱的孩子，可是因为年纪还小，对于环境的改变以及从小养育他的姥姥、姥爷突然当着陌生人（社工）的面说“不要他了，要把他送给别人当小孩”非常不能接受，再加上从小就耳濡目染姥爷的脏话口头禅，到了儿童福利院满口的脏话，让儿童福利院的工作人员颇为困扰，于是他被送到我的咨询室。

小伟第一次和我见面，谈起他的烦恼，他回应说他并没有烦恼。但是，当我问到他的保育妈妈有什么烦恼时，他却很快坦承自己有说“脏话”的坏习惯。我先谢谢小伟这么信任我，愿意对刚认识的我说出别人觉得他不好的地方，接着赞美小伟是个有勇气又坦诚的小朋友，愿意面对自己需要改进的方面。

我问小伟：“当你说脏话的时候，都有什么不好的结果跑

出来？”

小伟委屈地说：“就是会被老师罚站呀！”

我又问：“还有吗？”

小伟：“下课不能出去玩，也不能和同学玩……”

我又问：“还有吗？”

小伟生气地说：“没有了啦！”

我又接着问：“老师会把说脏话的事情写在联络簿上吗？”

此时，小伟一边骂着脏话一边说：“当然会啦！而且还害我回家又被处罚。”

我：“回家又被处罚什么呢？”

小伟：“就是又被保育妈妈骂，然后还要起立下蹲100次呀！”

我觉得，关心小伟才是此时应该做的事。因此，我先停下和小伟的对话，关心地看着他，问他：“腿还好吗？”

小伟：“还好，只是很酸。”

我：“现在，我能为你做什么才会让你觉得好一点儿？”

小伟有点儿受宠若惊地看着我，然后口气变得比较缓和地说：“之前比较酸，现在已经好多了啦！”

我用有点儿夸张的口气说："我有一个发现，你想知道吗？"

小伟一副被挑起兴趣的样子："什么呀？"

我一边说一边把小伟之前说的因为说脏话所要付出的代价写了下来：

1. 被老师罚站。

2. 下课不能出去玩，也不能和同学玩。

3. 被老师写进联络簿。

4. 被保育妈妈责骂。

5. 又被再次处罚起立下蹲 100 次。

然后，我问小伟："你有没有发现，说脏话会让你得到这么多不好的结果！"

小伟惊讶地说："真的！……那我应该不说脏话，不然就太倒霉了！"

第一次咨询结束的几天后，社工告诉我，小伟说脏话的频率已经大大地下降了。

两周后第二次见面时，小伟一看到我，就冲过来亲热地拉着我的手说："陈老师，你怎么这么多天才来！"接着，他又问我："今天天气真好，我们可以去公园玩吗？"我征求社工的同意并且与小伟设定界限（例如，出去玩的时间、出去一定要和我牵手等）之后，我们就往公园出发了。小伟非常开心，一路还唱着歌。

到了公园，小伟选择先溜滑梯，但我注意到他一有不顺，就说起脏话来，于是我走到他旁边，跟他说："其实你现在说'干'是因为你生气，没办法顺利地从下面往上跑。"小伟惊讶地看着我，因为我并不像其他大人，只是纠正他说脏话的行为。

在玩的过程中，只要小伟一说脏话，我就立刻像前述般说出小伟真正要表达的目的，在进行了 5 次这样的"解说"之后，小伟瞪着我，同时说我好烦，他问我："可以安静一点儿吗？"我想机会来了，就跟小伟说，只要他也可以把自己想的做正确表达，而不是只说脏话，例如，很"生气"爬不上去，或是"很不高兴"一直掉下去，我就不帮他解释，会让他安静玩儿。说完之后，小伟一副不置可否的样子。

后来，小伟在玩爬梯游戏时，脚一滑差一点儿就掉下来，当他立即反应说"干……"的时候马上住嘴，很快地看我一眼，同时大声地说："我超不爽，差点儿掉下去。"

我嘉许地看着小伟，同时对小伟说："你愿意将自己的感觉说出来，老师觉得你很愿意学习，你是怎么做到的？"

小伟很得意地笑一笑，同时问我："那你可以去旁边安静地看我玩了吧！"我立刻退到旁边一些，不再亦步亦趋地跟着小伟。从此，我发现小伟虽然有说脏话的冲动，但都能在第一时间控制住自己并说出真正的想法与感受。

“目的”“行为”与“代价”之间的关联

目的——孩子想借由此行为得到什么。

行为——父母通常看见的是孩子外显的行为，即孩子的偏差行为。

代价——因为这个行为产生的不好后果。

我在与孩子交流的过程中，常常发现，孩子之所以做一些偏差行为，多半是因为没有理解“目的”“行为”与“代价”三者之间的关联性。身为大人的我们，若是能够帮助孩子理解这三者的相关，不但可以帮助孩子拓展思考的角度，更能够帮助孩子在充分理解之后，自发地修正自己的偏差行为。此成效远远大于大人一直唠叨。

澄清“目的”“行为”与“代价”的 SKILLS

父母必须注意，必须说孩子听得懂的语言，说他们可以理解的词汇。因为恰当的语言对事情的解决很重要。比如，了解孩子行为背后的目的。

✗ 父母不要问孩子：“你为什么要做这件事？”

✓ 可以问孩子：“你做这件事时可以得到什么？”

先处理我们看到的孩子所表现出来的外显行为。

例如，小伟说脏话这个行为。在谈论“代价”的时候，最好可以一边和孩子澄清，一边拿纸笔写下来，因为大部分人是视觉型学习者（也就是我们常说的眼见为凭），所以当孩子看见你一条条地写出他所付出的代价时，便无法逃避他所发生的事情，甚至会很震撼，进而愿意修正自己的行为。

值得注意的是，在此过程中，一定是：与孩子讨论，或是借由与孩子一问一答的状况之下，协助孩子整理出来的。这样才能充分发挥辅导的成效。而非大人单方面的一直思考，然后依照自己的想法来一一罗列，这样可就又回到大人的唠叨层面了！

即学即用 ABC

当孩子告诉你他要做一件你不认同的事情，比如，因为老师偏心，他再也不要专心听讲，同时要考零分，请你按照下面的步骤试试，并记录下这个过程。

1. 孩子要做的事情：______________________________

2. 先安稳自己的情绪。

你使用的方法：______________________________

3. 问孩子这么做是为了得到什么？或是这样做可以帮助他得到什么？若孩子回答出来的目标是负向的（例如，就是要报复），就要带着孩子思考报复背后的正向目标是什么？（例如孩子回答：报复老师我的心情就会很爽……）

孩子的目的：______________________________

4. 这样做之后（故意考零分）孩子会得到什么不好的结果？（引导孩子思考行为的代价。）

孩子的代价：______________________________

5. 再与孩子讨论如何用不同的行为，来达到孩子真正想要的目的?（例如，问孩子："若要达到很爽的感觉，除了考零分还有其他方法吗?或是做其他行为也会让你感觉很爽?"）

你与孩子的讨论：

6. 尽量强化正向目标与行为之间的关联。

你的体会：

第12天 找到不同的合作方式——没有不合作的孩子，只有不懂得方法的父母

经验分享

讨厌心理咨询的小华

小华就读小学五年级，转介她的社工告诉我，小华已经被4位不同的心理咨询师咨询过了，可是都没有成效，希望我能帮忙让小华有一个说心事的对象，因为她防卫心很强，不向别人透露任何自己的感觉与想法，非常压抑自己。小华就快到青春期了，再加上她一遇到考试就会暴怒，他们认为她这样的行为是因为情绪无法发泄的结果。

小华第一次和我见面时，十分配合，并不如社工说的一般不合作，只是在咨询过程中，小华的眼睛以一种高频率的方式不断地眨着，令我感到十分奇怪。我担心小华是否有一些生理上的疾病没有被诊断出来，因此打电话给社工，请他协助我确认小华平日的表现，以及是否有生理疾病。社工很快回复了我的疑问。他告诉我，小华平日并不会有异样眨眼的状况，来咨询的当天眼睛也没有问题。于是，我明白了，小华的高频率眨眼是因为焦虑造成的。因此，我第二次与小华见面时，格外留意此点，我将当次咨询的主导权交由小华来处理，也就是由小华来决定咨询时间的分配，只要求最后10分钟安排聊天即可。小华听了之后开心极了，

立刻决定了我们在咨询中要做什么，而我也注意到，她拿到主导权的同时，眼睛也恢复正常了。

很快，最后 10 分钟到了。我提醒小华要拨时间和我聊天，没想到小华瞪了我一眼，缓缓地说："刚刚有人答应要和你聊天吗？"我一时语塞，差点儿说不出话来。但同时，我很快在心里想：她这么做一定有一个重要的理由，只是我现在还不知道。于是，我心里立刻浮现了几个想法，包括她很不安，所以不想说；她想挑战我，看我会不会生气，等等。于是，我在很短的时间里整理好自己的情绪，然后问小华："老师觉得你不想跟我谈心事，一定有一个重要的理由。我想知道，那是什么？"

小华听了我的问话之后，从椅子上站了起来，对我大吼大叫地说："对，我就是不想和你说心事，怎样？有什么心事好说的，我没有啦，我不用说心事！所以你听好，我不必咨询！"

我看着小华，缓缓地对她说："我知道你不想咨询，也不想和我说心事，我可以帮忙让你不必来咨询。"

小华立刻说："那你赶快打电话给我的社工，说我下次不必来了。"

我很诚恳地看着小华，告诉她就算我打电话告诉社工她下次不必咨询了，但只要问题没有解决，就算把我换掉，也还是会有其他心理咨询师的。但我可以帮忙的是，在最短的时间内，跟小华一起解决她的问题，尽量减少咨询次数。同时，如果她不想说心事，她并不用跟我说。所以，我们见面只要讨论问题就好了。

小华看着我，不高兴地点了点头。我们结束了第二次咨询。

小华第三次来，一见面就提醒我“我们不必说心事，所以也不需要聊天”，我点点头，一样把时间交给小华分配，但提醒小华：最后10分钟要讨论问题。小华在我们的咨询中，鲜少对我笑，她安排的活动，也几乎都不必与我互动，只有每次的最后10分钟，带着不友善的口气与我讨论她的困扰（应该是她令老师或社工觉得困扰的问题），我们用这样的方式咨询了6次，协助她减少行为问题。虽然我们的关系可能并非“相亲相爱”，但在“淡如水”的互动中，通过我们彼此的合作，小华的确也可以有所进步与改变。

这样做最大的好处是：咨询师——我，不必费尽心思“帮助”小华，而小华也从这样的互动中得到充分的自主权，进而帮助她愿意自我改变。

合作不是只有一种模式

SFBT 创始人茵素老师认为：“没有不合作的咨询对象，只有不懂得合作方法的心理师。”这一点放在父母与孩子身上也同样适用。

在工作中，我也常常遇见流转于好几位心理咨询师之间都还处理不好的咨询对象。我总是告诉自己：“并非咨询对象难缠或抗拒，只是我还没找到方法和他在一起，所以我需要的是一点儿时间，我们一定会合作的。”这样做之后，我也往往发现：真的可以找到一个合作的方法一起工作，修正他们的偏差行为或是对创伤进行修复。

而我们对“合作”的定义，也需要重新理解。对我而言，合作代表的是可以一起工作，并不一定是气氛良好、相亲相爱。有时，我的咨询对象可能怒气冲冲或是很冷漠，这些都是可以接受的。例如，我的咨询对象小华正是如此。

“他这么做，背后一定有一个重要的原因。”

当孩子做了偏差行为时，我们可以先问自己：“他这么做背后一定有一个重要的理由，那是什么呢？”借由这句问话，不但可以舒缓我们的心情，同时也可以由此对他快速地产生同理心，达到换位思考的目的。之后再问他：“我相信你这么做一定有一个重要的理由，那是什么？请告诉我。”

改变永远在发生

改变永远在发生，暂时地不合作也是孩子的一种表达方式。我们要以不同的方式与孩子合作，跟随他的脚步与脉络，提供孩子想要的。与孩子谈话的意义也是在于协助孩子得到他们想要的目标。这个目标是孩子想要的目标，而不是父母认为的孩子的目标，或是孩子该去处理的课题。父母要与孩子建立不同的合作关系，尊重孩子，往他所想要的目标前进，提供给他最适合的协助。

其实，父母与孩子之间，整体而言是一种合作互动的关系。孩子有自己的目标，也有自己的解决办法；父母只是一个引导者，帮助孩子早日实现目标。在这样的过程中，父母应该致力于创造一种合作的气氛。无论是何种合作方式，父母都能在此过程中帮助孩子发现他们的能力与优势，进而解决问题，创造美好的未来！

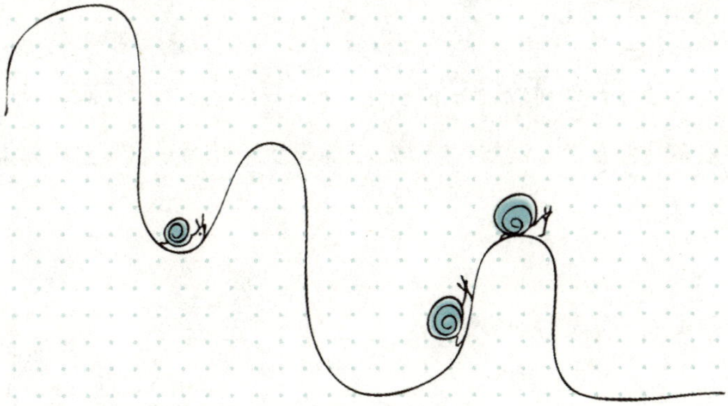

即学即用 ABC

如果今天孩子放学回来一直玩电脑游戏，不愿写功课，你是如何处理的，并请记录下来。

1. 先告诉自己孩子这么做一定有一个重要的理由。

____

2. 再问孩子："你这么做一定有一个重要的理由，那是什么？"

孩子的回答：______________________________

3. 与孩子一起讨论较好的时间分配——离上床睡觉还有多长时间？具体要做几件事情（例如，吃饭、洗澡、玩电脑游戏、写功课等）？如何分配时间？

孩子的工作及时间分配：______________________________

____

____

4. 将每件事情分配到的时间依序执行。

孩子的完成情况：____

____

____

第 13 天　奇迹问句——当暂时找不到目标的摆脱困境法

经验分享

对哥哥不友善的小智

小智上小学一年级，看起来天真活泼、功课很好，在学校人缘也不差，在家中与只差一岁的哥哥却老是吵个不停，妈妈对此很伤脑筋。小智的哥哥个性善良，但反应有些慢，不像小智般聪明伶俐，常常被小智欺负。小智妈妈告诉我，小智虽然才读低年级，但在幼儿园大班的时候，就会带着哥哥坐公交车到公司找妈妈了，而且有次妈妈不在家时，两兄弟肚子饿，小智还帮忙烤比萨给哥哥吃。哥哥的个性较为温吞，有时还会丢三落四，而且能力确实不如小智强，小智为此经常指责哥哥，甚至出言辱骂哥哥，觉得他根本不配当哥哥，最近竟然连“哥哥”都不愿意叫了。一向希望他们兄弟互相照顾、兄友弟恭的妈妈非常难过，因此请小智来找我咨询。

我问小智：“为什么要来找我呢？”

小智摇摇头又耸耸肩，表示他不知道。

接着，我又问小智：“你有什么烦恼吗？可以告诉陈老师吗？”

小智再度摇摇头。

我问小智摇头是表示没有烦恼、不知道，还是不想说。小智眨着眼睛看着我，没有回答。

于是，我伸出一根手指，对小智说："一没烦恼。"伸出两根手指，说："二不知道。"伸出三根手指，说："三现在不想说，你选哪一个呢？"

小智笑了笑，伸出一根手指。

我用夸张的表情与音调，对小智说："谢谢你的选择！"

小智又笑了。同时，我可以从他放松的肩膀，感觉到他不像刚进咨询室时那般紧张了。

我又问："是谁让你来找我的？"

小智一边轻轻踢着椅子，一边低声说："是我妈妈！"

我："哦，那妈妈有什么烦恼跟你有关？"

小智难过地说："因为妈妈说她很伤心，我对哥哥很没礼貌。"

我："看起来你有点儿难过！"

小智重重地点了一下头："嗯！"

我："是因为妈妈难过，还是因为她说你没礼貌？"（当孩子同时出现两个议题时，咨询者必须通过对孩子的问话进行判定，而非自行臆测决定。）

小智："我喜欢妈妈，不希望她伤心。"（于是，我知道小智为什么要来咨询了，因为他爱妈妈。而这也可能进一步成为帮助小智实现目标的重要资源。）

我问小智："既然你不希望妈妈伤心，你想要改变吗？"

小智又重重地点了下头。"嗯，我想呀！"随即又苦恼地说，"我就是不知道要怎么做，因为我真的不想对他没礼貌，可是他就是很笨，我真受不了他。"

我："他是谁呢？"

小智翻着白眼说："就是我哥哥啦！"

我："你很不喜欢他吗？"

小智："也不是不喜欢，只是觉得他什么事都做不好，妈妈还要我尊敬他，我真的不知道怎么做嘛！"

我请小智等一下，同时快步跑到玩具柜，拿出一个玻璃珠，对着小智说："小智，老师这边有一颗神奇的'水晶球'，它等一下能够帮助你噢！"

小智接过"水晶球"，仔细地端看许久，然后说："老师，这明明就是一颗玻璃珠，我家有好多，根本不是什么'水晶球'！"同时将"水晶球"还给我。

我接过"水晶球"，也仔细地看了一下，甚至将它拿到我的耳边，好似听到了来自"水晶球"的信息般说："哦！你是一个真正的'水晶球'呀！什么？只有聪明的人才能看破你的伪装，嗯！我知道了，我会再给小智看一次！”并再一次将“水晶球”递给小智，同时对小智说：“小智，‘水晶球’里面有个你，他不是现在的你，而是未来的你，是烦恼已经解决的你，你看到了吗？”

小智过了一会儿兴奋地说：“陈老师，我看到了，原来它是一个真正的‘水晶球’！”

我：“嗯！真不愧是小智啊！果然识破了它的伪装，太厉害了，你是怎么看出来的？”

小智开心地说：“就用心看哪！”

我用期待和开心的口气问：“太棒了，那你赶快告诉我，你看到了些什么？未来的你是什么样子的？”

小智：“就是看起来很开心的样子！”

我：“‘水晶球’里除了你之外，还有谁呢？”

小智：“还有我妈妈和我哥哥。”

我：“那他们看起来是什么样子？”

小智：“他们也都很开心的样子！因为妈妈一直笑眯眯的，而且妈妈一手牵着我，一手牵着哥哥。”

我：“还有吗？”

小智：“而且我看起来很有礼貌。”

我：“对呀，陈老师也觉得小智是个有礼貌的人！那我好想知道小智怎么表现对哥哥有礼貌呢？”

小智拿着“水晶球”说：“我看看噢——”

我则拿出一根棒子，指着“水晶球”说：“神奇的棒子呀，请帮助我们看到小智对哥哥有礼貌的样子，谢谢！”

不一会儿，小智就兴奋地说：“我看到了，我看到了！”

我也兴奋地问：“太棒了，那你赶快告诉我，你看到了些什么？”

小智：“我看见我们正要出门去上学，哥哥还在慢慢吃，我没有骂他。平常我早就生气了，但是‘水晶球’里面的我，很有礼貌地提醒哥哥已经7点10分了，再不上学就来不及了。还有，我知道哥哥很容易忘记东西，我提醒哥哥出门前要检查书包、便当还有钱包，‘水晶球’里面的我都没有‘结屎面’[1]。”

于是，我们就透过“水晶球”，看见了许多小智对哥哥有礼貌的场景，进而请小智在遇到那几个场景时，想到“水晶球”里自己的作为来对待哥哥。而3周之后，小智的妈妈很开心地告诉我，小智对哥哥的态度大有改善，她非常开心……

6种奇迹问句

奇迹问句也称“假设解决架构”，常被用于孩子暂时找不到目标的

1 闽南语，指脸上表情很不愉悦的样子。

情况。当孩子一时无法用正向眼光来解决目标问题时，父母可以运用假设解决架构，请孩子假想问题或目标已经解决，会呈现什么情景。

Tips

假设解决架构的源起

曾经有一位女士遭受先生家暴，孩子亦出现许多偏差行为。她找到 SFBT 专家茵素老师谈话。这位女士极为沮丧，茵素老师在和她谈话时发现她找不到方向，也不知道要设定什么样的目标。当茵素老师问女士想要谈些什么时，她的回应是：“我的问题这么多，只有奇迹出现才能帮助我吧！”茵素老师并没有一直要女士努力想出目标，而是选择跟随女士的谈话脉络，柔声问女士：“如果奇迹真的发生，你的问题都获得解决，你的生活将会有什么转变呢？”令老师惊讶的是，这个好似没有力量的沮丧女士，竟然开始侃侃而谈改变后的情境，于是“奇迹问句”诞生了。

最常见的问句有：

●奇迹发生问句——如果有一天，一觉醒来，发现奇迹发生，你的问题都解决了，你会发现有什么不一样的地方？

●结局式问句——当 50 分钟后（大约是一次咨询的时间），你走出咨询室的门，如果你发现孩子的问题得到解决，那是因为我们在里面谈了些什么。（我最常在第一次跟六神无主的家长咨询时使用。）如果课程结束时你觉得很有收获，那是因为我们在这几天的课程中，学到了什么对你很有帮助？（在训练课程开始时，问的第一个问句。）

•拟人化问句——如果墙上的时钟看到你的改变，它会说些什么？

•猜想式问句——猜猜看，如果下星期你来的时候，你告诉我你想要的改变已经发生或是发生了一点点，那会是什么？

•算命式问句——如果你现在去算命，他跟你说 3 个月之后，你的运气会好转，你猜那时的你跟现在的你会有什么不同？

以及，在上文中使用的水晶球问句。

善用儿童的想象

在与儿童工作的过程中，我发现“水晶球问句”特别能引起儿童的注意，同时也特别有用。因为儿童的抽象思考能力虽较成人弱些，但他们善于投射，同时也很喜欢幻想，从幼儿时期就玩着扮家家或是虚拟打仗游戏的他们，其实特别容易投入想象。当助人者把自己也投入想象时，比较容易引导儿童进入，所以，在执行奇迹问句时，父母必须注意自己的语调与问话的速度，因为它牵涉到对未来的想象，因此在带领时必须将问话的速度放慢，且声音也尽量是低沉而柔和的。同时，引导语也要清楚而戏剧性，并尽量使用开放性以及针对未来的语言。

奇迹问句联结了未来与现在，当孩子没有目标或注意力只在目前的困境上时，它提供了一个很好的脱困方法，开拓了孩子的视野，让孩子思考问题的角度富有弹性。更重要的是，它帮助了孩子从构想未来的愿景中产生希望，找到与目前问题解决有关的信息！

即学即用 ABC

请具体回答下面的问题，并记录下来。

如果有一天……奇迹在你睡觉的时候发生……你所有的问题都解决了……同时，孩子更听话，与你的关系更好……那会是什么样子？

你发现的第一个小小的不同是什么？

____

其他的不同：

____

____

____

____

第 14 天　目标架构——帮助孩子找到方向

经验分享

逾期未还的图书

有次，儿子小宝的联络簿上写着“图书逾期未归”。晚上签联络簿时，我没怎么在意，只是随意地问他：“发生什么事了？”

小宝说：“我会好好处理，妈你别担心。”我想也是，所以就交给他自行处理！没想到一周后同样的字句又被写在联络簿上。我想这可不对劲，这件事情并没有处理好，于是慎重请小宝前来了解状况，果然他说事情多所以给忘了。我想这应该是没有针对目标的设定进行细节讨论所造成的结果，因此，我决定好好和小宝对话，帮助他达成还书的目标！

我先深呼吸一口气，调整自己的情绪，然后问小宝：“你打算什么时候去处理这件事呢？”

小宝不在乎地说：“都可以啦，啊，不然明天好了！”

我：“明天的什么时候呀？”

小宝开始有点儿不耐烦：“都可以啦，妈妈，你不要管那么多，反正我明天一定会办好，你是不是不相信我？”

我："妈妈不是不相信你，而是想陪你去，但是妈妈必须得上班，所以想参与你的处理过程（这些话对于处理孩子的不耐烦很重要，父母可以通过这些句子表达对孩子的支持与决心）。"

我不厌其烦地又一次问："那你打算明天什么时候去图书馆处理呀？"

小宝开始认真想："嗯，早自习不行，时间太短；第一节下课只有5分钟也不行，也是时间太短……唉！看起来只有第二节课下课才可以。"

我："为什么呢？"

小宝："因为我们教室在四楼，可是图书馆在二楼，而且不只是跑下去还，还要跟图书馆阿姨说我不小心将书弄丢了，但是我愿意接受处罚或赔偿。那些也要花时间！只有第二节下课是休息15分钟，应该够处理。"

我："哇！很不错哟！原来是书弄丢了，也愿意对错误的事情负责，小宝你考虑得很周到，你是怎么想到的呢？"

小宝自信地说："我都已经四年级了，当然能够想到啊！"

果然，隔天小宝放学回家就很骄傲地对我说："妈妈，我已经将书的事情处理好了！你看，我是不是说到做到呀！"

找到灯塔——设定目标

SFBT 非常看重目标，认为目标犹如灯塔般重要。若是没有目标，人就犹如迷失方向、随意飘荡的船只。因此，没有方向的谈话也不容易有成效。而我们强调的目标是咨询对象——孩子想要的，而不是助人者——父母想要的，或是觉得孩子“应该”要的目标。主要的目的是想通过协助孩子澄清所想要的目标，希望扣着目标找寻成功的经验和方法（例外），进一步引导孩子正向思考。

SFBT 有三大架构，分别是：

目标架构	指的是当事人——孩子想要的目标，而不是父母觉得孩子应该要的目标，包含正向的开始与设定目标。
例外架构	例外是指孩子的问题没那么严重或是不发生的时候。找寻例外的目的，主要是希望孩子察觉与发现这些例外存在时候的成功经验，进一步唤起孩子的内在资源与希望感。
假设解决架构（奇迹问句）	当孩子很难用正向眼光看待目标或是不易想到正向目标时，父母运用奇迹问句邀请孩子假想问题已经解决或是目标达成时他会是什么样子，并鼓励孩子去做目前可以做到的一小部分。

经验分享

小娟的烦恼

小娟是一个小学高年级的女生。最近她因为经常目睹父母间的家庭暴力，产生了焦虑、行为退缩等状况，担心的导师请她来找我咨询。

第一次和小娟见面时，我几乎听不到她说话的声音，也看不清楚她的长相，因为她的头低到不能再低，整个人也一直往椅子里缩。我知道这是典型目睹儿[1]的行为表征。为了缓解她的焦虑情绪，我只是和她闲聊了一下她喜欢的歌曲、嗜好、科目和家中成员等话题，我希望通过这样轻松的对话，能够帮助小娟将心安稳下来，不再那么不安。第一次见面结束前，我问小娟是否喜欢今天的谈话，并邀约小娟下周再来咨询室跟我聊一聊。小娟怯生生地点了点头，我开心地谢谢她，同时给她一张Hello Kitty的小纸条，上面写着我们下次预约的时间，目送小娟离开。

第二次咨询时，我向小娟表明我们咨询的总次数，一共只有6次，并问她："我们可以一起做些什么，能让你更快乐些？"小娟安静地点点头之后，我运用了排序问句[2]向她搜集了3个烦恼，分别是：

•同学不理她。

•爸爸打妈妈。

•妈妈和爸爸吵完架之后会找她麻烦。

小娟告诉我，她最想要解决跟同学有关的烦恼，我细问之下才知道，这一阵子小娟心里挺难受的，不但在家里常常要承受父母争吵之后大打出手的压力，同时来到学校，下课时也没法加入

---

1 目睹家庭暴力的孩子很容易出现忧郁、焦虑、害怕、紧张、否认、麻木、羞愧、无力感、自责、自我概念差和自我价值低落等心理状态。

2 排序问句：咨询对象常常会在心理咨询中，提出好几个目标或是想要解决的问题。这个时候，助人者就必须请咨询对象以其主观，对所有目标和问题依困扰程度排列出顺序。

同学的聊天，总觉得聊得正开心的同学一看到她，就自动离开。小娟形容自己经过的地方仿佛“摩西过红海”般，人群会自动分开，她觉得同学不喜欢她了，感觉很糟糕。

我虽然知道，小娟被转介来咨询的目的并非讨论学校的人际关系，但因为我相信在咨询中所谈的目标，必须是咨询对象自己想要的才会有效果。因此，我花了两次的时间，与小娟讨论如何改善她的人际关系，以及可以怎么做。

第五次咨询开始时，我询问小娟最近和同学相处的状况，小娟告诉我：原来同学不是突然不理她了，而是看到小娟每天都皱着眉头，大家也不好意思太欢乐……当我再次问到小娟之前跟我说的其他两个烦恼时，小娟竟然说：“老师，我不再烦恼爸爸打妈妈的事了，因为他们两个不是我可以控制的，所以我只能尽量把自己做好，不要让他们因为我而吵架。”

我意外地发现，小娟不但表现出了分辨的智慧，同时在跟我说话的时候，也不像往常一样低着头、音量很小，而是可以看着我、试着使用正常的音量清楚地表达出自己的想法了。

良好目标的 7 个原则

一个良好的目标，不仅要绝对遵守“是孩子（咨询者）想要的”的准则，还必须符合以下 7 个原则：

Tips

父母与孩子愿意一起讨论想要达成的目标时，就可以发现孩子真正的需要；也会让他有被尊重的感觉，进而提升孩子的责任感。因为这个目标是他自己的选择，而非他人的想法。同时，当孩子发现自己想要的目标被父母“听懂”“了解”时，也会具有极大的鼓舞作用。

原则 1：使用正向的叙述方式

是“会/要做什么”而非“不做什么”。根据脑神经科学研究发现，我们的大脑只听从“做什么”而会省略“不”这样的信息。因此，当我向大脑发出“不要打人”的信息时，大脑会自动执行“打人”的信息，进行影响接收正确的信息。所以，若是孩子发出了一个“不要”的信息，如前述“我不要打人”，父母就必须协助他分辨，在行为背后真正的动机和原因，问他“要”什么——比如“我要有朋友”。一旦孩子发出正向讯息，父母要接着引导孩子发展出一个具体目标，进而执行。

原则 2：以过程的方式进行叙述

犹如“看影片”一般的进行，也就是孩子在叙述目标时是犹如一组连续画面进行的，这样的功能是借由叙述的过程，先在孩子的头脑中演练一次，这会比静态想象的目标更能发展出主动的步骤，这样也更容易提高完成目标的执行力。

原则 3：存于此时此刻的“当下”

所提出的目标最好是立即可做而非遥远的。例如，一个初三的孩子想设定的目标是“考好这次月考”比“考上第一志愿”更加切实可行。如果已经朝预定目标前进，那么现在可以做的是什么事?

原则 4：具体化

具体的目标胜过抽象的目标，描述得越具体，就具有越强的动力，同时执行力也会越高。例如，我要“考上 XX 大学”会比“考上第一志愿”具体；我要“瘦身 2 千克”会比“瘦一点儿”明确。

原则 5：从小步骤开始

老子曾经说过：“千里之行，始于足下。”再远的路只有跨出一步，再一步步地走下去，才可以到达；再大的困难，只有一点一点慢慢去做，才可以解决。良好的目标要从小步骤开始。父母可以询问孩子：“当事情可以有所改善时，你想到的第一个可以做的改变是什么？”“你想从哪件事开始？”这都是可以尝试的第一步。

原则 6：要在孩子的控制范围之内

设定的目标不是先改变别人或是改造某件事，而是孩子“能做的”以及“可以持续做的”。有的目标很好，但孩子无法控制，那也没有用。例如，若一个从来不读书，但现在想拼大考的初中生订的目标是“每天读书 3 小时”，倒不如由“每天读书 10 分钟”开始。因为一旦养成读书的习惯，建立了成功经验之后，他读书的时间自然容易增加。

原则 7：使用孩子的语言进行描述

以孩子的意愿为主，以他的语言来叙述，而不是以父母的意愿为主。这不但可以与孩子同步，也会让他有被尊重的感觉。例如，孩子的目标是想要交朋友，父母就不要说成“你希望人际关系变好”，而可以说“好！我明白、我知道，你想要交朋友……”

父母在协助孩子的过程中，会发现孩子其实不像大人那样，对自己“要什么”有着较为清晰的图像，他们常常根本不知道自己要什么。所以，协助孩子先分辨自己要什么很重要。甚至从他们的偏差行为或是诸多抱怨着手，协助他们分辨“目的”“行为”以及“代价”之间的关联之后，才有办法进行目标的设定，也才能真正协助到孩子。

父母要学着放下自己的预设立场，好好地敞开心扉“听见”孩子的目标，并进一步正向引导孩子觉察，让孩子了解自我，分辨人生中什么是重要的、什么是不重要的，懂得区隔与取舍，提升自信。这是父母终身需要学习的一门功课！

即学即用 ABC

若你的目标是让亲子关系更好，请依照下面的问句回答，并记录下来，帮助自己设定目标：

1. 为什么让亲子关系变得更好对你来说是重要的？（前提是你觉得亲子关系更好是你想要的）

____

2. 如果你达到这个目标的时候，会对生活中的其他重要他人[1]造成什么好的影响？

____

3. 知道你达到这个目标时谁会最高兴？

____

____

____

1　对你生活中有重大关联与影响之人，如父母、另一半、孩子、好友……

4. 针对这个目标，你可以做些什么？目标的细节是什么？（请依照上述 7 个原则来讨论与设定）

第 15 天 例外问句——耐心引导孩子找到“成功的例外”

经验分享

和体育老师冲突的小刚

五年级的小刚每逢上体育课就与老师杠个不停，从单独挑衅的言语到煽动同学一起行动，已发展到白热化的状况，忧心的班主任请他来找我咨询。

第一次见到小刚，我和他打招呼。出乎我意料，小刚很有礼貌地向我问好。因为小刚是高年级的孩子，即将进入逆反期，我不急着马上跟他谈些什么，倒是小刚单刀直入地问我：“老师，您找我来是不是要跟我谈体育老师的事情？”

我讶异于这个孩子的率直，同时也不愿隐瞒他。我点了点头，同时问他：“那你有什么要先告诉我的吗？”

小刚：“我们老师是不是跟你说我上体育课很不听话、很坏？”

我听后很有兴趣地反问他：“那你告诉我，为什么你觉得你们老师会这样跟我描述你呢？”

小刚大概看我挺和气，也没有要教训他的样子，就叹了一口气，说：“老师，你信不信，我其实不坏。”我点点头，小刚诧异地看着我。我接着说：“你说你不坏，我就愿意相信你！”

似乎这样的回答让小刚觉得很安心，于是他对我打开了话匣子。

小刚："老师，你想不想知道为什么我会这样做？"

我："我当然想知道啊！如果你能告诉我，我会觉得更能了解你，同时我们也可以一起解决问题！"

小刚："老师，其实我不是一开始就这么讨厌张老师（体育老师），实在是他太过分了，我才会这么生气。"

我："他做了什么过分的事呢？"

小刚："他呀，很好色，只要看到女生就笑眯眯的，就算女生做不好动作或犯错，他都不会怎样，但只要看到男生就一直骂。奇怪，有时候我们男生也没犯什么错，但是张老师就喜欢找我们男生麻烦！"

我："于是你想要维持正义？"

小刚："老师，你真了解我，我就是这么想的。"

我："你维持正义的方式，就是在上课时挑张老师的毛病、找他麻烦？"

小刚不好意思地笑了，又说："拜托！我哪有啊，明明就是他自己讲话不标准，乡音太重。而且，说什么自己以前是篮球运动员，投篮半天投不进一个三分球，超逊的好不好，我只不过把事实说出来，他就说我顶撞老师、桀骜不驯，明明就是他很逊！"

我见小刚好像还算喜欢我，便大胆地问他："那你这样做对你的帮助是什么？"

小刚一脸狐疑地问我："什么？我就是把他说得不标准的话，还有做得不标准或是根本做不到的动作告诉了同学而已……"

我："只有这样？"

小刚："好嘛！我承认，我说得有一点儿大声而已。"

我："是不是只有大声到全班都听得到而已？"

小刚笑了出来，说："唉哟！老师，你怎么连这个都知道啦？"

我："你还没回答我，你这样做对你的帮助是什么？"

小刚："就是看到老师那样（出糗），觉得很爽啦！"

我："除了觉得爽，还有吗？"

小刚："嗯……好像没有了，老师，你是不是要告诉我这样做很不应该？"

我："我倒是没这样想，你怎么会这样想？"

小刚："其实我有时候会想到，他年纪那么大，普通话讲得不标准好像也不是他的错……"

我："嗯，其实，我发现你也是很认真在想一些事情，也不只是纯粹想找张老师的茬儿，只是好像这样做既可以维持你心中的正义，又可以逗乐班上同学，所以就这样做了，是吗？”

小刚低头不语。我知道我说中了这个男孩的心事。小刚并不坏，他的行为只是出于一种莫名的英雄主义作祟而已。因此，我开始引导小刚：“什么时候你听到张老师说话说得不标准，你没有纠正他？”

小刚：“嗯……”

我知道想“例外”需要一点儿时间，于是就鼓励小刚慢慢想没关系，一下子想不到也是常有的状况。就在这时，小刚忽然说：“有了，我想到了。”

我：“是什么情况呢？”

小刚：“我想起来了，那天上课时，张老师把我和喜欢的女生排在一组，我当时好开心，突然觉得老师的乡音其实也没那么重，就没有纠正他。而且，那天他教我们打球的时候，教了我们一个秘诀，让我们在对抗赛中赢了隔壁班！我觉得他好像真的也有厉害的地方。”

我：“虽然你不一定能每次都和你喜欢的女生分在同一组，但你愿不意试试下次上体育课时专注地想今天老师会教我们什么运动秘诀呢？”

小刚狐疑地看着我，问我为什么，我回答：“老师发现，只要你把注意力放在张老师教你们秘诀上，你就比较不会在意他的乡音，好像他教的秘诀也真的有用！而且我也很想学。”

小刚：“你学那些打球的秘诀干什么？你不要跟我说你也要去打篮球。”

我：“你真是冰雪聪明，一眼就看出我不会打球，但我有个儿子跟你差不多大，他也很喜欢打球，你教我，我就可以教他呀！”

小刚开心地答应了我的请求，之后他在上体育课时与张老师的冲突逐渐减少，解决了他的问题！

沙中淘金的例外问句

例外问句是 SFBT 的三大架构之一，是一种很重要的谈话方向。SFBT 的基本假设之一就是凡事都有例外。例外的思考原则会让我们区分“问题发生时”“问题较少发生时”以及“问题没有发生时”，而不会一直只专注在问题上面。因为人在有困扰时，容易将所有的注意力都放在眼前的困境上，所以这样做比较容易引导孩子找到已经存在的解决方法与途径，同时也可以引导他注意到自己的另一面，并将例外与目标联结，创造具体可为的行动。

在上例中，我先了解小刚做这些事的来龙去脉以及想法。在充分了解之后，才开始询问他在问题中的例外。在没有充分倾听孩子的描述时，父母容易犯先入为主的例设立场，那么就算孩子有例外时，你也听不见了！

此外，SFBT 相信孩子在与我们谈话之前，他就已经在为解决问题做准备，只是他当时还没注意到。如果我们能透过谈话、讨论让孩子注意到这些例外，就可以帮助孩子解决问题。多数情况，孩子一开始的回答常是“没有”或是“想不到”，此时所传达出来的信息并非真的没有，只是代表孩子需要更多的时间思考（因为例外是让孩子去注意事情的另一面，本来就不是轻易可以看见的）。因此，若父母或师长遇到这种状况时，更要耐心守候与引导，方能更有效地协助孩子。

我们经常发现，当孩子“卡在”问题里面时，要马上找例外不是一件容易的事情。当父母还没有充分了解孩子是怎么想的，就急着找例外时，通常都会找不到，因为那时孩子还纠结于问题中，自然难以发现例外。因此，父母常常需要有些耐性才能找到例外。我们将例外称为“沙中淘金”的原因也在这里！

例外问句的功能

SFBT 的重要信念是问题总有例外，因此例外经验可显示成员现存的资源，以及可能的解决之道。

1. 利用孩子的资源。从孩子的问题之外，找出可能的解决方法，可以增加孩子的自我价值感与自信心。当孩子遇到问题时，孩子可以看见的不只是问题，他还可以从中看见自己也做了什么不同的事情。这时，孩子对自己的信心自然会大增。

2. 例外架构虽是向过去经验寻找，但它不是挖掘过去较不好的经验，而是从“目前的可能性”出发。这里的例外是寻找过去已经存在的正向经验，是现在立即可以做的。

3. 例外使得父母或是师长更容易发现孩子的成功经验、力量与希望。如前述，父母、师长也容易与孩子一起被问题困住，若我们带着孩子开发出了例外，对我们而言也是一种莫大的鼓励！

使用例外问句的 SKILLS

——“哪些时候，这些问题是不会发生的？”

——“那时候，你的想法（做法）有什么不同？”

——“以前有没有类似的状况？你那时候是怎么处理的？”

1. 当孩子说的是一个“目标”，而不是一个问题时——什么时候你想要做一些会让它（目标）发生的事情？

例如，孩子想要考第一名。我们则可问他：“什么时候你会想做一些跟考第一名有关的事情呢？”

2. 当孩子述说的是问题时——什么时候这个问题比较少发生？

例如，孩子说不想再打人了！我们可以问他：“有没有什么时候，你不会打人或比较少打人？”

3. 当孩子提到的问题好转或是情况有所变化时——你做了什么让情况好转？

例如，上例中小刚若在之后的咨询中说现在比较少与体育老师起冲突，我们则可问他："你做了什么让你和老师的冲突减少？"将好转归于孩子的作为，而非外界的介入。

4. 引发孩子对成功经验的思考——以前有没有解决过类似的困扰？

例如，孩子发生人际困扰，同学不理他，我们则可问他："以前有没有也遭遇同学不太理你，但你后来与同学重修旧好了？你用了什么方法？"

5. 引导孩子思考改变后的差异——在那些时候，你会有什么不同？

例如，小刚的例子中，我们就可以问他："你取笑老师的口音和不取笑老师的口音，之后有什么不同呢？""你自己的不同是什么？""同学的不同是什么？""老师的不同又是什么？"

使用例外问句的注意事项

在使用例外问句时，必须注意问话的具体细节。父母不要急着马上让孩子复制其成功的例外经验，而是要通过谈论的过程来扩大孩子不一定有意识的例外，进而使例外变成常态。

Tips

振奋性鼓舞（Cheer Leading）

振奋性鼓舞是一种非常实用的与孩子交流的技巧，经常被用在找例外的过程中。父母用兴奋或是开心的口气，甚至搭配夸张的语调与表情，对孩子表达欣喜和鼓励之意。常用的句子包括：“真是太好了呢！”“哇！你是怎么做到的呢？真是个说到做到的男子汉！”“我觉得小明能做到控制自己的脾气，真的是一件很了不起的事哟，请告诉我，你是怎么做到的？”

生活中，没有一件事情只有负面意义，或是永远都处于负面状态，例外总是会存在，当问题没那么严重或是孩子已经开始有些小小的不同处理方式时，都是例外。通过这样探索小小的例外，就可以建立与找到解决的方法。

即学即用 ABC

这与前一天的目标是联结的，请拿笔写下你的回答，并请注意你的感受。

1. 你曾经做过一些与目标（亲子关系更好）有关的事情吗?

____

2. 当你和孩子关系更好时（目标），你做了什么不同的事情?

____

3. 那时对你的家庭有什么帮助?

____

4. 你是怎么注意到这些不同的?

____

5. 还有谁也注意到你做了这件事（和孩子关系变得更好了）？

____

6. 你是怎么知道他注意到了？他说了什么？或是做了什么让你知道他注意到了你的改变？

____

7. 你是怎么想到要让亲子关系变得更好的？

____

8. 当你和孩子的关系变得比较好的时候，那天的生活跟平常有什么不一样？你有什么感觉？你有什么想法？

____

9. 用振奋性鼓舞与自我赞美（比如，这真是太棒了，你是怎么做到的）来赞美自己所做的努力。

____

____

第 16 天　无论是天使还是魔鬼都在细节中

经验分享

用美工刀伤人的小彦

有一个小学五年级的咨询对象叫小彦，社工请他来找我时，打电话告诉我小彦在学校用美工刀割伤了同学。初见小彦，他满脸桀骜不驯且充满不耐烦，一直对我说："对不起！对不起！可以了吧？好了吗？我可以走了吗？"

我问他："发生什么事了吗？你为什么需要跟我说对不起？"

只见这孩子满脸不悦地说："别假惺惺啦！社工或班主任一定都告诉你了，你还装……"

我先在心中对着自己说："这个孩子这么愤怒，事件背后一定有一个重要的理由，那是什么呢？"我心中浮现了几种猜测，分别是：

——他被挑衅了？

——他被误解了？

——他虚张声势？

（当我们心中并非只有单一答案时，比较容易因为想验核，而产生心平气和的感觉，这样做与从一开始就认为孩子态度很差，用孩子说话的口气与用词来做认定，有所不同。）

我安顿好自己的心情之后，就能够平心静气地问孩子：“你对我那么生气，一定有一个重要的理由，那是什么？因为我们今天是第一次见面！我真的不明白发生了什么事，让你这么生气。”

孩子愣了一下，看着我问：“你真的想知道？”我点点头。他不敢置信地又问了一次，才开口娓娓道来。原来，自从发生他在学校用美工刀割伤同学手臂的事情之后，班主任的眼睛根本不敢离开他。下课时间，各处室的主任与组长连带校长都要轮流在他教室外守候。只要小彦一走出教室，就会不断地听到不同老师的谆谆教诲，每位师长都会把他拦下来晓以大义一番。最惨的是，有一次因为要应对这些老师的“好意”，害得他来不及上厕所差点儿尿裤子……

听完之后，我先谢谢小彦愿意让我知道他现在火气这么大的原因，之后趁着孩子愿意说，我又问他：“你割伤同学的手，一定有一个你觉得重要的理由，那是什么，请告诉我好吗？”孩子在一阵碎碎念之后，告诉了我事情的经过。事情发生在上美劳课的时候，班上同学李小猴拿他桌上的钥匙，引发他的不爽。

我：“他拿你钥匙之后呢？”

小彦：“我就很生气呀，我叫他还我。”

我：“后来呢？”

小彦："他就还了。"（第一回合）

我："后来呢？"

小彦："后来他又来了，又拿走了我桌上的钥匙，我真的被他惹得很火。"

我："然后呢？"

小彦："然后我就跟他说，李小猴，这个钥匙你再敢拿一次，我一定会给你一个永生难忘的教训。"

其实，我此时有些不解，似乎钥匙对小彦很重要，但他又把重要的东西放在桌上，而不放入书包，于是我将自己的困惑直接问向小彦（这样的思维牵涉到"未知的态度"，也就是我们不臆测对方的想法、尊重孩子主观的世界）。

我："好像钥匙对你很重要，原因是……"

小彦："废话，这当然对我很重要，因为我上周才把钥匙弄丢了，我爸说，钥匙再不见，我也不见好了。"

原来小彦的爸爸非常凶，管教小彦十分严格，对小彦动辄打骂，完全采取斯巴达教育方式，所以小彦非常怕爸爸，因此很在乎钥匙。

我又不解地问："既然钥匙对你那么重要，为什么要放在桌上呢？"

小彦给了我一记白眼之后说："就是很重要，才必须放在眼睛可以一直看到的地方。"

各位读者有没有发现，每个人的逻辑真的都不太一样，一般我们（尤其是大人）的逻辑都是：就是很重要才要收好，放在书包才叫收好。但小彦的逻辑显然与我们不一样……SFBT 非常重视咨询对象的主观世界，认为只有先进入他的主观世界，才能明白他的逻辑与想法，感受被理解与接纳之后，才有机会带领他出来。

我："后来呢？"

小彦："他就还了。"（第二回合）

我："然后又发生了什么事？"

小彦："后来他又来了，又拿走我桌上的钥匙，我决定说到做到，因为老师说做人要讲信用。"（有没有发现很多孩子不是没在注意听课，而是误用。）

我："之后呢？"

小彦："之后我就拿起桌前的美工刀，割伤了他的手臂。"

我："为什么你选择割伤他的手臂？"

小彦瞪着我没好气地说："我只是要给他一个教训，又没有要让他死。"

之后，我开始和小彦讨论，因为割伤同学的手臂，他所必须付出的代价。分别是：

1. 明明是李小猴惹我，但却是我需要去跟他道歉。

2. 一直被各种不同的老师“问候”，烦死了！

3. 因为割伤同学的手，所以要被处罚劳动服务。

4. 被罚大节下课[1]不能出去玩。

5. 每天要抄语录[2]。

6. 要来进行心理咨询。

7. 自从发生这件事后，其他同学都不敢跟我玩，太“尊敬”我（都没有人敢跟他玩了）。

讨论至此，小彦突然问我：“陈老师，如果我只是想要教训他，好像不必割他的手臂噢！”

我立即赞美小彦：“怎么可以这么有智慧呢？是怎么想到的？”小彦不好意思地笑着，又急忙问我：“那我应该怎么做比较好？”心理咨询至此，正向的目标形成，小彦真正意识到自己的行为不甚正确，主动地想要改变。如此一来，小彦才会真正改变自己的行为。

1 大节下课对孩子格外重要，因为每天只有一次。孩子通常都利用这段时间和同学畅快玩乐。

2 抄写《弟子规》《论语》等国学启蒙书。

细节带我们听到不同的信息

你会不会一听到“小彦在学校用美工刀割伤同学”，心中立刻浮现出一个充满暴戾之气孩子的印象？有没有发现，当你静下心随着故事的发展而慢慢认识小彦时，心中对他的想法也随之变化许多——

原来，小彦不是一个冲动的暴力分子。

原来，小彦是被同学挑衅的。

原来，小彦还容忍过两回。

原来，小彦是一个在思考的孩子。

但不透过正确的态度引导，不透过了解细节，又怎么带领小彦走上解决之道呢？

我发现许多父母有时因为太想帮助孩子，急于给予片面、个人主观的建议，常常不是打断孩子的叙述就是急着接话，没有做到采用“未知的态度”面对孩子的问题，连带着也听不到重点细节，当然也就更找不到法子进入孩子的内心，甚是可惜！细节就像尘埃一样，很容易被忽视，但一句话、一个微小的动作、一个动机背后都可能蕴藏着关键的信息，我们不能忽略、轻视。

即学即用 ABC

让我们学习相信支持、鼓励可以使人走得更长远。请对你的孩子或家人说：

1. 当孩子自己独立完成一项任务，如图画等。

哇！小宝，这幅画构思得真好，你是怎么做到的？

孩子的反馈：________________________________

2. 妻子 / 丈夫长期为家付出辛劳。

谢谢你！长时期以来为家里付出 / 负担这么多！辛苦了，你是怎么做到的？

伴侣的反馈：________________________________

第 17 天　因应问句——帮助孩子从谷底上升

经验分享

快克宝宝浩浩

因为父母贩毒坐牢，出生没多久，浩浩就被社工送到儿童福利院养育。浩浩在妈妈肚子里的时候，因为母亲吸毒而成了一名"快克宝宝"[1]，因此浩浩的情绪总是不太稳定，容易冲动和动怒。此外，他的智力也有些受损，在临界边缘，再加上浩浩是个"左撇子"，所以功课写得特别慢。

我第一次见到浩浩，是在他幼儿园大班的时候，他来上我的成长团体课程。我发现一上团体课，只要是浩浩不感兴趣的事，例如画图时，他就会起来走来走去，进行其他活动时也总是容易被浩浩打断。浩浩的脾气还特别差，动不动就和团体内的其他小朋友打起来。所以，第一天的课程，大约团体进行 1 个小时之后，浩浩就因为狠揍旁边同学小豆的肚子而被我"请"回儿童福利院休息。第二天浩浩又因违反团体重大规定，中午便回去休息。一直到第三天（当时团体课程一共是 5 天），浩浩终于能够参加完一整天的团体课程，而团体课程之后，浩浩也在社工的安排下成为我的咨询对象。

1　指母亲在怀孕期间吸食毒品（尤指海洛因或快克）而生下来的宝宝。因为孕妇在怀孕期间吸毒，可能会对胎儿造成永久性的损伤，如脑部缺损、中风、心脏病、语言发展迟缓、学习能力较弱、情绪不稳定等。

浩浩只有刚开始时需要固定每周来一次，半年之后，浩浩情绪渐渐稳定，行为也改善不少，因此改为一个学期来2~3次。就在浩浩四年级刚开学一个多月时，他主动告诉社工想和我聊一聊，见面时，浩浩一脸沮丧，问我："陈老师，我是不是一个很差劲的小孩？"

我问浩浩怎么会这样说自己，他告诉我，自从升上四年级以来，每天功课都要写好久，而且，因为照顾他的保育妈妈求好心切，规定他每天都要将所有功课完成才能吃饭，所以他每天都是晚上11点多才吃饭。我听了之后心疼极了，连忙先将谈话暂停，关心地寻问他目前的饮食状况，之后我问浩浩对这件事情的想法。

浩浩一脸坚定地对我说："我每天功课都写得很慢，肚子真的很饿，有时真的想放弃算了，但我都一定会把功课写完。"

我感动极了，连忙跟浩浩说："老师真的很佩服你！"

只见浩浩睁大眼睛看着我，一脸狐疑地问："什么？佩服我什么？"

我说："因为听到你说，在沮丧和感到挫折的情况下，你仍然愿意每天都把功课写完，同时也没有放弃自己，老师很想知道，你是怎么做到的？"

浩浩惊讶地问我："可是，写功课不是我应该做的吗？"

我又缓缓地说了一通相同的话。

这次，浩浩好像听懂了似的，在唇边绽放开一朵好大的微笑，问我说：“我真的很令你佩服吗？”

我说：“是呀！所以你准备好告诉我了吗？”

浩浩笃定地说：“就是要坚持，不要放弃，就可以做到。”

可以帮助孩子从谷底上升的因应问句

在与浩浩的对话中，我使用了SFBT中的因应问句（Coping Question）。这种技巧的根基是父母要相信孩子拥有解决问题的能力。意义与经验会不断建构我们，我们每个人包括孩子，都可以成为解决自己问题的专家。

因应问句常在孩子陷入“谷底”（也就是能量低的时候），却还能维持一些功能时使用。例如，“小明，在你告诉我不喜欢写功课的情形下，你还是每天准时交功课，老师想知道你是怎么做到这些的”，通过使用因应问句，可以让孩子看见自己的能力所在。因此在使用因应问句时，要尽量问孩子：

- “你是怎么熬过来的？”
- “你是怎么撑下去的？”
- “你是怎么愿意持续的？”
- “为什么没有变得更糟？”

孩子的情形愈糟，父母愈要优先使用“因应问句”来撑住孩子，用此问句来引发他的力量，进而协助其解决当前的困境。用这样的问题引导孩子看到自己当下已经在发挥的潜力、能量，让孩子“看见”自己的力量，孩子就能够朝向解决之路继续前进。

使用因应问句的 SKILLS

父母在使用因应问句时，必须尽量引导孩子注意其正向行为。例如，上例中的浩浩没有放弃自己，还是坚持完成功课，也就是让孩子“看见”自己没有因为遭遇困境而放弃自己平常应该做的事情。因为 SFBT 相信：当人的焦点放在负向行为时，常会让人觉得陷入困境，问题难以解决，没有改变的可能；若将焦点放在正向行为时，会发现问题并非分分秒秒都在发生，事情也比较容易转圜。同时，也要借此问句来强调孩子解决问题的能力。

我的女儿刚上幼儿园时非常不适应，每天早上去上幼儿园时总是哭，在幼儿园也会哭，就在她上满两周后的一个傍晚我去接她时，她神秘地告诉我，“妈妈，今天我在幼儿园睡午觉时虽然很想你，但是我没有哭噢！”我又惊又喜地蹲下来抱着她说：“乖宝贝，你是怎么做到的？”她说：“虽然我很想妈妈，但我知道妈妈放学就会来接我，所以我就忍耐不哭出来。”我则回应她：“虽然宝贝在学校因为想念妈妈要哭，但是你用自己的方法忍耐住了，真是不简单！”在那一刻，我真的觉得女儿长大了，而我也看见女儿眼中为自己闪耀的骄傲光芒！

Tips

SFBT 心理专家许维素教授指出：在孩子还没跟我们谈之前，他的问题就已经发生。尽管他的心情低落，但他也一直在用自己的方法承受与因应着。所以在看见孩子困境的同时，我们不妨想想：

✔ 孩子究竟靠着什么力量与方法，让自己可以撑到现在？

✔ 如果孩子看见了这些宝贵的资源与力量时，他又会有什么不同？

而且，当我们发现孩子身上拥有的本能自发的因应力量时，也会因此而对孩子产生更多信心。

运用因应问句，可帮助孩子整理自己过去用过而且有效的方法，让孩子慢慢获得有效地处理问题的能力。对孩子有效的方法，值得一试再试；无效的方法，请换另一种。也可以用来引发孩子的自我复原力，帮助他们看到自己当下发挥的潜力，激发孩子摆脱困境的能力。

即学即用 ABC

孩子天天都准时去上学。有一天，他突然哭着跟你说：“妈妈，我觉得上学好辛苦呀！”请你用一句因应问句来回应孩子，并记录下过程。

你对孩子说的话：

______

孩子的反馈：

______

______

______

第 18 天　一般化技巧——帮助孩子放下过于焦虑的情绪

经验分享

担心自己得忧郁症的小柔

这天一进办公室，秘书就告诉我以前曾经参加过潜能开发团体辅导的小柔好像出了严重的事情，因为一大早小柔妈妈就打电话过来，听起来非常着急，要求尽快为小柔进行心理咨询。我马上与小柔妈妈联系，希望知道小柔目前的状况，同时评估小柔是否需要尽快进行心理咨询。

小柔的妈妈告诉我，一个星期前，小柔就开始吃得比较少，同时本来就话不多的她，面对妈妈的关心，显得更加沉默。妈妈猜想，刚上初中的小柔是不是遇到了学校适应的问题，正想慢慢观察之后再找机会询问，没想到昨天晚上，小柔竟然哭着对妈妈说："对不起，我可能不能再帮你照顾弟弟了！"说完这句话的小柔，任凭妈妈怎么询问，都不再开口，着急的妈妈赶紧一大早打来电话，哭着希望我可以尽快与小柔谈谈。

傍晚，小柔在妈妈的陪同下来到了我的办公室。小柔看起来的确比之前在团体中忧郁一些。眉头深锁的小柔被我带进心理咨询室。她开口第一句话就是："陈老师，我快死了，怎么办？"小柔一说完，立刻哭了出来，我静静地陪伴小柔，并不在第一时间说太多话或是急着询问她。在这段时间里，我只专注地看着小柔，同时递面纸给她擦拭眼泪，5 分钟后，小柔停止了哭泣，情绪似乎也有了初步缓解，我问小柔：“发生了什么事？你怎么会这样想？”

小柔回答我：“老师，我应该是得了忧郁症。我看新闻，得忧郁症的人都会想要跳楼，跳楼会死掉，所以我可能也快死了……”

工作中，我常会遇见咨询对象或是其父母进行自我诊断，而评判的根据多半不太恰当。有一次，我遇到一位妈妈跟我说：“陈老师，我儿子最近都不爱讲话，他应该是得了自闭症！”当我问这位妈妈“孩子是被哪位医生诊断的，还是用了什么标准来评估”时，妈妈一本正经地告诉我：“我觉得他应该是得了自闭症。”顿时无言的我只能教育这位凭感觉的妈妈“自闭症不是后天得的，而是先天造成的”，所以我推测小柔发生类似状况的可能性极高。

我问小柔是怎么知道自己得了忧郁症，又马上问了她几个忧郁量表中最常见的问题，包括：

——是不是比平常更容易烦躁？

——是不是变得睡眠不太安宁，很容易失眠或惊醒？

——是不是对喜欢的事不再感兴趣？

——是不是常常哭泣，或是有自杀意念？

……

小柔回答这几个问题时，答案大都十分正向，例如，不会比平常容易烦躁、睡得挺好……于是，我问她："从什么时候开始，你觉得自己可能得了忧郁症？"

小柔回答我："就是那天和班主任谈完之后。"我问小柔和班主任谈了些什么，小柔说："全班做完忧郁量表测验的隔天，我就被叫到班主任办公室，班主任很和蔼地问我最近是不是心情不太好，和同学处得好不好，家里有没有发生什么事，例如，父母吵架等。我很纳闷地跟班主任说都没有，班主任拍着我的肩膀，告诉我我的忧郁指数偏高，是忧郁症的高危群体，要我凡事不要想太多，现在不想谈也没关系。我离开之后，愈想愈不对劲，生怕真的得了忧郁症，又想到常常在电视中看见跳楼的新闻，旁边都打着忧郁症的警语……"于是，害怕的小柔把忧郁症和跳楼自杀做了不恰当的联结，才出现最近的行为。我从小柔给我的信息判断，小柔会觉得自己得忧郁症是从和班主任谈话开始，而班主任又是因为小柔做的测验分数偏高担心小柔有忧郁倾向，才与小柔谈话。于是，我大胆假设，小柔可能是"经前症候群"。我问小柔："做测验的那天是不是月经快来的前几日？"

小柔惊讶地说："老师，你好牛啊，你怎么知道？"

我对小柔说："那我觉得你患忧郁症的机会不高，应该只是月经快来之前会有些生理与心理反应，这是经前症候群的表现。"同时，我又对小柔介绍了一些忧郁症的常识以及情绪调节的注意事项。

听后，小柔开心地说：“哇！老师，那我没有忧郁症噢，太好了，我不会自杀了！”

结束心理咨询后，我征得小柔的同意，向小柔妈妈说明了状况，母女俩开开心心地离开了我的办公室。

一般化问句帮助孩子放下紧张的心情

当我们太过焦虑、紧张时，就没有办法清楚地看见问题本身，也无法解决问题。而且我们也常常会觉得自己所遇到的问题是独一无二的，因此更提升了焦虑值。所以，若在面对孩子所叙述的问题时，我们能提供相关的信息，让他知道他所遭遇的问题是普遍性的，帮助他看到自己的负面感受是相同处境下的人都会有的反应，让他觉得自己不那么孤单或特异，他自然比较容易看清问题，进而解决问题。这种方法叫作“一般化技巧”。

Tips

一般化技巧常用到的语言

大多数人也会如此……

一般人遇到……也可能做与你类似的事情。

根据……（经验或发展理论）

这一类语言叫“一般化”句子，可以帮助孩子降低焦虑情绪，留下力气解决自己的问题。

曾经有个妈妈慌张地来求助。她告诉我她的孩子不但偷拿同学的东西，还面不改色，甚至没有羞愧感。妈妈很担心孩子是反社会人格[1]。我仔细向着急的妈妈询问了孩子的个人资料后发现孩子才 5 岁，是独生子。我意识到这个孩子不是没有羞愧感，而是没有“物权”的观念。5 岁的孩子因为没有物权观念，很容易产生“我的是我的”“你的也是我的”的认识，所以压根儿不会觉得自己不对。我跟这位焦急的妈妈说：“一般 5 岁的孩子，尤其是独生子女，因为与同龄孩子互动的经验并不多，再加上大脑还没发育成熟，很容易因为自己喜欢就将同学的东西带回家。没事的，跟他说清楚这是不对的就成了！”这位妈妈听了我的解释之后，终于放下心来。我当时使用的技巧，也是一般化句子。

一般化技巧的功能

1. 使孩子明白每一个人活着都有其问题，不是只有他有问题，让他对于自己有问题这件事不要过度担心。

2. 使孩子察觉自己的问题也常常是别人的问题，如此可以缓和孩子对自己问题的焦虑与不安。

3. 帮助孩子跳脱自己看事情的主观视框，用比较客观的角度来重新看待自己以及问题。也就是换个角度看事情，让视野更宽广。

1　一种人格障碍，其基本特质是不尊重人，侵犯他人的权益。这种人格障碍始于儿童期或青春期早期，一直延续进入成人期。患者必须超过 18 岁，才能被诊断为反社会人格。由于这类人从孩童时就经常说谎、偷窃及破坏东西，也经常会挑起打斗、逃学以及对他人施暴，且不会产生愧疚感，因此案例中的妈妈才会由此联想到自己的孩子有反社会人格。

4. 最后一个目的，也是最主要的目的：要孩子“放下”焦虑，留着力气“解决问题”。当他不过分担心时，自然可以将“力气焦点”放对地方来解决问题。

使用一般化技巧的 SKILLS

1. 可以提供理论（尤其是发展的理论）或是大多数人的反应模式。

例如：孩子刚进入青春期时会有一些生理变化，容易因此而慌张，父母可以在孩子遇到各种状况时（例如，来月经或遗精），让孩子知道这是每个人成长发育期都会遇到的现象，借此降低孩子的紧张心理。

2. 当孩子所提的问题有扩大与灾难化时使用。

例如：前述的小柔，已将自己的有时感到忧郁，扩大成忧郁症，甚至灾难化到自杀。出现这样的状况时就必须帮助她尽快降低焦虑感，否则她容易再扩大下去。

3. 孩子所提的问题属于发展性的问题。

例如，前述担心孩子具有“反社会人格”的妈妈。事实上，她的孩子才 5 岁，会拿同学的东西是因为他没有物权的观念，所以没有犯罪感。在 5 岁孩子的发展中，人我、界限概念都还在发展的状况下，难免出现此类行为，只要加强孩子的物权概念，让他知道“不告而取为之偷”是违法、违反道德的行为，同时积极注意孩子，自然就可以解决。

4. 把孩子说得很严重的词汇转化为一般的、普遍的、合于事实的描述，以替代病理化的描述。

例如，前述小柔说自己得了“忧郁症”，父母可以告诉她，她“偶尔”会感觉心情比较“忧郁”。

5. 不是所有的孩子都适合一般化技巧。

例如：面对打人或是欺负别人的孩子，若是父母说“其实大多数小朋友都曾经打人或是欺负他人”——虽然这是事实，但容易让孩子对自己的行为合理化，也无法达到解决问题的目标，此点必须特别加以注意。

一般化技巧多应用于处理孩子焦虑与担心自己与众不同的情绪，让孩子知道他所遇到的问题其他人也遇到过，甚至大多数人都有类似的困扰。如此，当孩子被这样深层的同理之后，心情会较为稳定，才能留下力气，进而解决问题。

即学即用 ABC

如果孩子考试考得很不理想，回来跟你说：“妈妈，我真是个笨蛋，我看我以后完蛋了！”或其他类似的情境。请你使用一句一般化句子来回应孩子，并记录下来。

孩子对你说的话：________________________________

你的回应：________________________________

孩子的反应：________________________________

____

____

第19天 关系问句——善用重要他人对孩子的影响力

经验分享

没有朋友的小伶

小伶的妈妈在不知谁是爸爸的状况下生下了她，所以小伶从小就是个父亲不详的孩子。之后，妈妈把还在襁褓中的小伶托管在一个奶妈家，只留下一个月的生活费就不知去向了。

慈祥的奶妈见小伶长得十分可爱，又可怜她小小年纪就被父母抛弃，因此动了恻隐之心，将她留了下来，让小伶唤她“奶奶”，当成亲孙女般疼爱。奶奶为这个小生命撑起了一片天，但也因为同情小伶的身世与遭遇，做出了一些错误的疼爱行为。

小时候有一次，奶奶的孙子阿忠告状说小伶偷他的糖果。阿忠本来希望奶奶可以主持公道，不料被斥责一番，奶奶不但说他小气，还怪他没有同情心。奶奶告诉阿忠：“小伶没有爸妈很可怜，不过才几颗糖果而已，别大惊小怪。”

是啊！区区几颗糖果当然不算什么，但扭曲了小伶小脑袋中的价值观。从此小伶认定“只要我喜欢，没什么不可以，想拿就拿，反正我很可怜”。等到小伶的问题愈来愈严重时，奶奶发现小伶的行为已经很难矫正了。因此，小伶念小学时，因病过世的奶奶留给小伶的遗言就是：“小伶，你要当个乖孩子，不然奶奶死了都不能放心去投胎……”悲伤的小伶并没有因为奶奶的殷殷期盼而不偷东西，反而因为顿失依靠没有安全感而偷得更凶。小伶在奶奶死后，很快被安置到儿童福利机构。

小伶是因为人际关系不良、偷窃，被社工转介到我的心理咨询室来的。小伶的人际关系不好，是因为在学校常常偷同学的东西，因此没有人要和她做朋友，大家都怕自己的东西会不知不觉地“掉”到小伶的书包中。学校老师也为小伶的行为伤透了脑筋，不知该如何是好。

我知道高年级的孩子因为渐渐进入青春期，开始对同伴有更多的在乎与需求，因此我带着小伶“看见”她偷东西和交不到朋友之间的关联，同时也努力帮助小伶发展其有兴趣、有潜力的运动项目。半年之后，小伶竟然可以做到“完全不偷东西”，实在让我们所有帮助小伶的工作人员都很受鼓舞。同时，我们也很敬佩她的自我控制力与生命力。我和社工商量，要送给小伶一份礼物——将小伶转到其他学区读初中，让她可以不受之前的经验干扰，拥有全新的生活。

小伶知道后非常开心，因为她现在虽然不偷东西了，但有的同学还是改不掉既定印象，常常会怀疑小伶偷东西，并且会煽动班上其他同学不要相信小伶会改变，因此小伶必须常常忍耐班上同学的异样眼光。而我总是耐心陪伴小伶，并让她知道这也是她为之前的行为所要付出的代价。

当小伶上初中一个月后，我对她进行后续的追踪心理咨询，我看到小伶非常开心地踏入咨询室，满脸笑容，让人看了心情也轻松起来。我连忙问小伶发生了什么好事情，小伶想了一下说：“没有啊！”

我又问她：“初中生活如何？”

小伶竟然出乎意料地跟我说：“陈老师，我告诉你，我觉得上初中超开心！”

这个回答可颠覆了我对一般孩子上初中的印象，我连忙问小伶：“为什么超开心？”

小伶说：“陈老师，我觉得初中的功课好少呀，不像小学时候每天都要写好多功课，我的功课又写得慢，每天都写到好晚也不能睡觉。但初中就不一样了，都没有那么多功课要写。”

我以为小伶就读的学校跟一般的初中不一样，连忙借了她的联络簿来瞧，可是发现和一般初中生的联络簿没两样，功课并没有比较少。仔细问了小伶才发现，初中生“写”的功课真的不多，多是复习和预习，而在小伶的认知中，复习和预习根本不是功课，难怪她这样开心。

在我恍然大悟之时，小伶继续开心地跟我说：“陈老师，还有噢，我在新学校交到了几个好朋友！”

我请小伶多说一点儿，小伶继续开心地说：“因为我们几个都很喜欢跳舞，所以组了一个街舞社，常在放学时留下来一起练舞。”

我问小伶："老师多久来教你们一次呢？"

小伶竟然回答："我们没有老师，主要是我教他们，他们叫我街舞小老师。"

我惊讶极了，连忙问小伶怎么教同学。

小伶回答："就是自己看 MV 学呀！"

原来对读书没兴趣的小伶，学习时连 6 分钟也坐不住，但却愿意花 6 个钟头一次又一次看 MV，直到将动作熟练记住为止。我对小伶的坚持异常佩服。我问她："还担任街舞小老师，老师真的很开心！同时，也好想知道你是怎么可以做到这一切的？"

小伶不好意思地摸摸自己的头发，然后说："没有啦，我就是有耐心，一遍又一遍地重复看 MV，然后一直练习一直练习！如果遇到同学不会，也不要骂他或是摆脸色给他，要有耐性地教他呀！就像您对我的方式一样！"

我听了小伶的回答，感动极了。但我知道，如果还能再帮小伶对这个经验感受更深刻，将会在小伶以后的生命发挥更大的效果。于是，我吸了一口气之后缓缓地开口问小伶："小伶，如果天上的奶奶知道你的行为改变许多，不但交了朋友，还当了街舞小老师，你猜她会对你说些什么？"

只见小伶刹那间就红了眼眶，流下了眼泪，对我说："那她一定会说，她可以放心去投胎了……老师，我做到了，对不对？"

我握着小伶的手，重重地对她点了点头……

那年的清明节，社工打电话给我，只听他兴奋地说："老师，老师，你绝对不能相信，今年我带小伶去祭拜奶奶的时候……"

我也感染了他的兴奋，快语地说："今年有筊[1]，对不对？"

社工惊讶地说："老师，你——怎么会知道？我们才刚从灵骨塔回来，我第一个就打电话给你。"

原来，社工在安置小伶之后，因为知道她与奶奶的感情很好，每年清明节都会带小伶去祭拜，而小伶总是要掷筊问奶奶："奶奶，你投胎了吗？"而每次都掷不到筊，直到今年……

关系问句让孩子学会换位思考

关系问句是通过询问孩子对于重要他人（对孩子来说重要的人）的观点，来参与孩子对他人、事件、问题改变看法的一种技巧。关系问句可以丰富、修正与落实孩子的目标或解决方法。它重视孩子的系统以及系统中的重要他人对于孩子的看法。

一个孩子的系统通常包括父母、手足或亲族（爷爷、奶奶、姥姥、姥爷）、老师、同学和朋友、邻居等围绕在他身边的人。如果让重要他人的观点参与到孩子的思考当中，可以丰富与落实孩子的目标或解决办法，也会让孩子学会换位思考。

1 一种道教信仰问卜的仪式，又称掷筶、掷杯、跋杯。

就像案例中小伶的奶奶，对小伶而言就是非常重要的。虽然奶奶过世了，但是影响力仍然深深地存在。关系问句可以帮助孩子跳脱自己的立场，由别人的立场来看事情。其主要的用意是希望借此加强孩子与其他人的联结，经由别人的眼光来鼓舞自己。因为我们发现往往是自己把事情想得比较糟，若由别人的眼光来看却并不一定那么糟。

使用关系问句的 SKILLS

在咨询的时候，我会在下列三种状况下使用关系问句：

1. 初见咨询对象想要较快找到他需要协助的地方时。

儿童与青少年很少会意识到自己有问题，因此若是使用关系问句帮忙，就可以较快找到方法。

——是谁请你来找我？

——他有什么烦恼跟你有关？

2. 搜集资料，以及了解孩子生活周遭其他人对他的看法。

——如果今天我请同学来介绍你，你猜他会怎么形容你？

——如果你的班主任在这里说他的学生有什么优点时，你猜他会跟我说哪些关于你的优点？

3. 给予当事人支持与鼓励时。

心理学专家、SFBT 名师洪莉竹教授在其著作《稻草变黄金》一书中提到："关系问句可以达到间接赞美的功能，也可以帮助咨询对象发展看待自我的新眼光。"例如，前例中的小伶，当我问她："小伶，如果天上的奶奶知道你的行为改变许多，不但交了朋友，还当了街舞小老师，你猜她会对你说些什么？"除此之外还有：

——问一个努力学习却不得方法的孩子："如果你的班主任来到这边，他看到你这么难过，你想他会对你说些什么？"

——问一个一直努力却得不到认同的孩子："若是你的同学知道你为了和他交朋友，用心地做了这么多事情，你猜他会说什么？"

因此，这也是关系问句多选择正向重要他人的原因。

关系问句可以让孩子站在自我之外思考，是属于重新建构（参见"第7天　重新建构——看见孩子的另一面"）的一种方式。它除了可以丰富假设解决问题的内容，还能刺激孩子去想象改变后的好处，增强孩子在自己的人际关系中觉得自己很重要的想法，进而更愿意投入改变。对于在乎别人看法的儿童与青少年而言，关系问句实是一个可以好好运用的技巧。

即学即用 ABC

如果孩子回家跟你说他今天在学校帮助了同学或做了其他好事，你会怎么说？

请先在心中找出孩子最近比较在乎的人，并将这个人应用在关系句中。写下你要对孩子说的一句鼓励的话，并记录下孩子的反馈。

孩子做的事情：________________________________

你对孩子说的话：________________________________

孩子的反馈：________________________________

____

____

第 20 天　量尺问句——帮助孩子在评估中觉察自己

经验分享

怕脏的小任

小任是经由精神科医师介绍来的咨询对象。他初一时被诊断强迫症[1]发作，刚开始是怕脏，洗手的时间有点儿久，随后出现的症状是洗澡也要洗很久。他来到我的心理咨询室时是发病的最高峰，一天要洗 2 小时的手，洗澡则花 8 小时。怕脏的他只能固定坐在一张板凳上，他要求椅子与他的接触要最小，尿急了也不敢轻易在外面上厕所，更不要提大便，那一定是只能忍着回家上。在这样的情形之下，小任来咨询自然很辛苦，更不要提上学。因为强迫症的关系，小任也得了“惧学症”。

因此，小任的第一次心理咨询就是由父亲陪同来与我讨论是否要休学一事。小任爸爸说到小任的状况，便红了眼眶，因为他不知道从小考试没有低于前 3 名、乖巧听话的儿子怎么会变成现

1　强迫症（Obsessive Compulsive Disorder，缩写 OCD），患有此病的人具有强迫性意念（例如，一再怀疑自己离去时未锁门），或是强迫性行为（指的是重复的行为，像是反复洗手，或是重复默念某些字句）。他们总是被一种入侵式的思维所困扰，在生活中反复出现强迫观念及强迫行为，使当事人感到不安、恐慌或担心，而进行某种重复行为，有时会令当事人从中得到舒缓。（有时，这还与某种焦虑有关。）当事人的自我觉知完好，知道这样是没有必要的，甚至很痛苦，却无法摆脱。资料来源：《DSM-IV 精神疾病诊断与统计》手册，孔繁钟编译，合记图书出版，2000。

在这个样子。

我先赞美了小任爸爸愿意陪伴孩子度过困境的决心，也对他们解释了强迫症可能的成因，以及配合精神科医师的服药计划。经过三方讨论之后，决定让小任休学一学期，但是休学期间，我与小任的心理咨询不但要继续进行，同时也与小任讨论具体的生活作息表与功课表。换言之，这段时间，小任比较像是在家自学，而非脱离课业，只是解除暂时的压力而已。

由于多方面的合作，再加上心理咨询期间也试图降低父亲对小任课业上的期待，将小任父亲对儿子看重的成就取向（功课好）转为人格与情绪稳定取向，小任父亲十分配合，很快，小任的状况有了进展。一学期后，小任果然如期复学，而心理咨询频率也从一周1~2次转为2~3周1次，后来发展到1个月1次。虽然小任还是很怕脏，但是他洗手与洗澡的时间已经可以分别控制在30分钟以及2小时之内完成。

这样过了2年之后，在小任成为高一新生的某一天，我接到了小任爸爸紧急求助的电话，他难过地告诉我，小任本已经控制住的强迫症最近又复发了，小任又开始不停洗手，洗澡的时间都快要达到7小时了，他们全家都很担心小任的状况。听了小任爸爸的担心，我也赶快安排时间和小任进行心理咨询。

小任见到我的时候，双手不停地搓揉着，一副非常不安的样子。我柔声问小任最近的状况如何时，小任很小声地回答：“很糟！”

当我问小任有多糟的时候，只见小任摇摇头。我想到用打分数的方式来帮助我和小任，于是问小任："如果有一把尺在你的前面，它的刻度是 0~10 分，越往 10 分状况越糟，你现在的状况是几分？"我边说边在纸上画了一把尺，并把它的刻度标出来，希望帮助小任更具象化思考。小任指着 8 分的位置。

我先与小任澄清："你选了 8 分，是吗？"

小任点点头，于是我又问小任选 8 分的原因。小任说："老师，我觉得自己好糟糕，原本以为自己已经好了，但没想到最近刚上高中——其实也没人逼我，可我就是觉得压力好大，我不知道该怎么办，也不知道要怎么和老师、同学解释我的病，好烦……"

原来小任虽然很有进步，但是强迫症的表现并没有消失，他刚进入一个新的环境，难免压力比较大，于是刚开始是洗手洗得比较久，但随着压力越大，小任洗手的时间也变得越长，甚至有时上课了还在洗手。

由于患有强迫症的人会对洗手洗澡的程序有自己的逻辑，一旦做到一半被打断时就必须重来。有时，小任在校园里洗手洗到一半或快结束时，钟声响了，巡察校园的教官或老师看到小任在洗手，就会过来拍拍小任的肩膀，善意提醒他已经上课了。但殊不知，这样就打乱了小任的程序，反而使小任又要重来。于是乎，他就得花更多的时间洗手，同时也会更晚回到班上。面对老师和同学的善意询问，小任其实不是很想让大家知道自己患有强迫症，因为他很担心会被其他同学"另眼相看"，也怕别人过度同情他或说他是疯子。白天的焦虑带回家之后，连带也影响到晚上洗澡的时间与程序，使得洗澡的时间也变得愈来愈长。

我听了小任的陈述之后，又问小任："如果我们换一把尺，它的刻度是1~10分，代表的是你有多想好转，你会选几分？"

小任说："我当然要选10分，因为我真的不想这样——但是，老师，我很糟对不对，不然怎么会这样？"

我看着小任沮丧的脸，知道这时应该给他一些力量，于是问小任："虽然你现在觉得自己不太好，但是老师想跟你说，老师很佩服你。"

小任惊讶地看着我，我继续说："在现在这么糟的情况下，你还能每天去上学，而且也愿意在第一时间找老师，你是怎么办到这一切的？这真的很不容易……"

小任听了我的话后，红着眼眶跟我说："老师，我真的很害怕回到以前那样……"

我于是又在纸上画了一把尺，标出的刻度依旧是1~10分，然后问小任："小任，这把尺代表着你这几年的状况，越往10分表示状况越好，你可以告诉我你刚来的时候是几分吗？"

小任苦笑着说："好像没在尺上。"

我问小任："那是几分？"

小任说："应该是0分吧！因为那时真的很糟。"

我请小任在纸上分别标出这几年的分数，小任将最好的时候标到8分，同时也告诉了我原因。之后，我也和小任澄清了10分时的样子是什么样。最后，我请小任标出现在的分数。

小任说："应该是0.5吧，因为感觉又快回到0了"。

我问小任："除了感觉又快回到0的原因之外，标0.5还有其他的原因吗？"

小任点点头说："0.5代表我还有陈老师，也代表爸爸会帮我"。

我看着小任，缓缓地对他说："是啊，因为这几年的状况有进有退，但再怎么糟，我相信也不会回到0，因为你有我们陪伴，也有自己，所以会不一样。"

小任红着眼眶，看着我，并对我点点头。

几年之后，我与小任结束所有的心理咨询时，他告诉我，在这么多年的心理咨询中，对他最有帮助的就是刚刚的那一句话……

量尺问句的帮忙

我在小任案例中所使用的技巧便是量尺问句（Scaling）。量尺问句不但看起来很简单（因为连儿童都喜欢"打分数"），而且还可以通过这样的问句，将抽象概念转为具体的问话。

例如，小朋友放学回家时，臭着一张脸进家门，若不使用量尺问句，我们可能只能说：“怎么了？看你脸臭臭的，好像心情不太好？”“告诉我发生了什么事情，好吗？”但若是使用量尺问句，我便能问孩子：“现在有一把尺，它的刻度是1~10分，愈往10分代表你的心情越好，你会给现在的自己打几分？”无论他回答几分，我们总有机会打破僵局，使孩子开口。

量尺问句的另一个好处是可以帮忙孩子澄清状态。例如，有一天，儿子一进家门就跟我说他非常生气。于是，我先请他量一量自己现在有多生气。他选完分数时，竟然告诉我，其实好像还好，他只有6分生气。奇怪的是，当他这样说完，自己就又告诉我，其实他没有自己想象中那么生气……所以量尺问句也具有自我察觉、厘清的功能。

量表问句的功能

1. 引导出孩子心中的理想愿景。
2. 具体化可以掌握的步骤。
3. 肯定、了解孩子到目前为止的状况与努力。
4. 协助孩子思考下一步的具体行动。
5. 协助孩子自我澄清，增加对自己的察觉。
6. 帮助孩子表达一时无法说明的内在状况或目标。
7. 帮助父母了解孩子的状况。

使用量尺问句的 SKILLS

使用量尺问句时，要注意的是：

1. 也可以用物品或是符号来代表分数，不一定非要用尺。有时，年龄小的小朋友对分数可能没有概念，这时可以使用多种脸的符号来帮忙选择[1]。

2. 尺的两端最好一致，例如，1 分代表有一点点开心，越往 10 分越开心，而非 1 分代表不开心，10 分代表超级开心，如此才不容易搞混儿童、青少年的认知。

3. 若是正向之事，刻度可由 1~10，例如，有多开心、多有信心、过得多好、多想努力……这样是暗示孩子再怎么样都有“一点点”，也就是至少还有 1 的概念；反之若是负向之事，则由 0~10，例如，有多生气、多痛苦……这样是暗示孩子可以没有，也就是有 0 的概念。

4. 若是孩子改动我们对量尺的刻度，父母要想办法跟上他们而不要纠正他们。儿童或青少年有时难免会较为以自我为中心。我曾经遇到有些孩子，我为他设定的量尺问句刻度是 1~10 分，越往 10 分心情越好，而当事人的回答是 90 分，我立马会意过来并跟上询问：“你的心情温度计是 1~100 分吗？”孩子回答：“是。”

1　用哭脸、平板表情、笑脸等表情符号来替代脸部表情。

即学即用 ABC

有一把尺出现在你面前，刻度是 1~10 分，1 分表示你有一点点小小的不同，你对待孩子跟之前相比没有什么明显差异；10 分表示你对待孩子的方式有很大的不同。如果邀请你现在就帮助自己打一个分数，代表自己自阅读此书以来的进步，并将原因写下来，你会如何写？

1 2 3 4 5 6 7 8 9 10

你的分数：____________________

你是否感到自己有进步：____________________

原因是什么：____________________

____

____

第 21 天　挑战任务——让孩子的成长更深化

经验分享

寂寞的吴刚

吴刚刚刚考上高中，他会来找我咨询并不是因为心理有什么明显的问题，而是他的妈妈听过我的演讲，觉得我很了解孩子的心理，又担心吴刚从小是独生子、父母工作又忙碌，有什么状况她不知道，因此和吴刚协商来与我聊一聊！

吴刚看起来文质彬彬，虽说不是自愿来找我却也很有礼貌地与我谈话。第一次心理咨询，我和他谈了些目前新学校适应状况以及交友等人际关系的话题，时间很快过去，我问吴刚是否还想再来，他倒是爽快地答应了下次的见面。

第二次约定的时间很快就到了，吴刚一样温和有礼，不过他这次进我办公室多了份自在，当我询问他："今天想谈些什么？"

吴刚有些紧张地压低声音说："陈老师，我想跟你说一个秘密！"

我先谢谢吴刚的信任，同时我也让吴刚知道在心理咨询中对于"保密"的限制，请吴刚准备好后再告诉我。

吴刚对我说，因为他很寂寞，想追的女朋友又落空，于是就到网上约了一个女网友，并进行了性交易。我听完吴刚的秘密先关心他的身体健康，例如，是否进行安全性行为等。吴刚跟我确认目前身体状况都很好，我开始问吴刚这样做之后的感觉是什么？对他解决“寂寞”的帮助又是什么？

吴刚说：“陈老师，我很后悔做了这件事情。”

我：“后悔什么呢？”

吴刚：“本来我说服自己，那个女网友应该是有些喜欢我的，但我在与她结束的时候，发现她急忙拿着钱就离开了，连回头看我一眼都没有，那一刹那我才惊觉，我们曾经在身体上那么亲近，但她却只是为了钱，对我一点儿感情都没有，我觉得好空虚——觉得更寂寞了——”

我听到孩子这样说的时候，便看着他，跟他说：“其实，在这个世界上，每个人都有感觉寂寞的时候，老师有时也会感觉寂寞呢！”

吴刚：“怎么会，我觉得只有我会这样，老师，您不必安慰我了……”

我知道吴刚把自己的问题扩大了，而他又不能接受我的“一般化”，他坚决不信是因为他觉得大家看起来都很快乐，只有他很寂寞。刚好时间也差不多了，于是我请他在结束与我的谈话后，利用这周的时间，访问 10 个人（这 10 个人可以是父母、同学、朋友、邻居、老师……）问问他们是否有感觉寂寞的时候，下周再来告诉我询问的结果。吴刚虽然满脸狐疑，但在我的邀请之下，接下了这个挑战任务。

一周后，依约前来的吴刚一见到我就迫不及待地告诉我他这周询问的结果。我问他的感想，他说：“原来真的不是老师在安慰我，每个人都会寂寞！”

接着，我又请吴刚执行下一个挑战任务——访问 10 个人（可以与上周重复），当他们觉得寂寞时都做了些什么，向每个人询问 3 种方法。吴刚这一次倒是没有疑惑就答应了。但是当吴刚依约来到时，却没有之前的雀跃表情。我连忙问吴刚怎么了，吴刚回答我说并没有收集到 30 个解决办法，但他有认真地找很多人访问，但有些人并没有想出 3 个方法，或是拒绝了他的访问。我听完吴刚的话，带着嘉许的眼神看着吴刚，缓缓地对他说：“虽然你说没能收集到 30 个方法，但我十分佩服你认真执行的行动力！同时，老师也想知道你是怎么坚持去执行你的任务的？”

吴刚又惊又喜地问我：“真的吗？”

我和吴刚就在收集到的方法中，找出他比较有兴趣的 3 个解决寂寞的方法，并与他约定下次寂寞感涌现时可以试试看！几周之后，吴刚告诉我，他不但解决了寂寞的困扰，还学会了和自己的寂寞在一起，并因此结交到了一个好朋友……

经验分享

想写信给妈妈的小芬

我有一位咨询对象叫小芬，因为目睹爸爸对妈妈拳脚相向，而产生了许多退缩行为，被转介来我这里咨询。我与小芬谈了3次之后发现，原来困扰她的并不是父母亲感情失和时有暴力相向的问题，而是每次妈妈与爸爸争吵之后，都会迁怒于小芬。换言之，比起目睹家庭暴力，被妈妈迁怒让她心里更不舒服。

于是，我们在咨询中讨论，想把这样的心情写一封信，让小芬妈妈了解。我问小芬："要不要在你咨询的时候，由老师陪伴你，写这封信？"小芬一脸坚决地回绝了我，原因是她认为：写信应该很简单，只要把想法写出来就好，不需要人陪着写，而且她不想浪费与我的心理咨询时间，因为在其中可以跟我分享好多心事。因此我们就把"写给妈妈的心里话"当成她这周的"挑战任务"。然后约定下周我们一起阅读，我协助她修改，再给妈妈看。

Tips

不要让孩子孤军奋斗完成所有的过程。在过程中、在最后时，帮忙"看"（检视）他们做的事（比如，写的信），或是他们如果有想对谁说的话，可以用"角色扮演"的方式预演一次。这些做法可以增强孩子的信心，同时也可以帮忙修正他们的话语，以免造成反效果。

很快又过了一周，小芬在我们约定的时间准时来到我的办公室，我先关心小芬这周过得如何，之后问起了与她约定的“挑战任务”进行得如何？

只见小芬顿时低下了头，很小声地说：“陈老师，对不起，我没有写……”我从小芬的肢体语言察觉到了她的焦虑，因此便柔声地响应她：“因为没有写，所以觉得很担心，是吗？”

小芬红着脸点点头，又说：“老师，虽然我没有写出来，但我天天都记得要写，只是写信比我预想得要困难，我连开头都不知道怎么写……”我听见小芬这样说开心极了，因为我知道，改变已然发生，而我必须将这样的正能量传递给小芬。于是，我请小芬抬头看着我，对她说：“小芬，老师很高兴听到你说你每天都在想要怎么写这封信，我觉得你很看重我们之间的约定，我很想知道，你是怎么做到的？”

只见小芬受宠若惊地看着我，同时露出一副不敢相信的样子，问我说：“老师，我没做约定的事情，你不但没生气，还觉得我很看重我们的约定？”

我重重地点了点头，同时笑着跟小芬说：“老师比较看重的是你一直把这件事情放在心上，而且老师相信，你没有写并不一定代表你不守承诺，我想，你一定有一个重要的原因没有做！”

只见小芬眼眶含着泪水，点了点头。我又接着说：“何况，老师并没有猜错，小芬一直想写的，不是吗？”接下去的时间里，我除了再问一次小芬想不想要我协助她写信之外，直到此次心理咨询结束，我都没有再提必须写这封信的事，因为从小芬的谈话中，我知道她对妈妈的态度已有改变。

小芬的改变才是这个作业中最重要的。同时，我也坚信小改变将会带来大改变，所以小芬是否完成这个作业真的不是重点！两周后小芬一见到我，就拿着一封蓝色信笺，主动告诉我她写好信了，想请我帮她修改，好让她拿给妈妈。不但如此，小芬还告诉我："这两周，都有试着表达内心的感受，让妈妈知道……"

挑战任务的形态

在父母的教养上，父母在与孩子谈完话之后，可以留些适当的任务请孩子执行。

在挑战任务中，我最常请孩子做的是"观察作业"以及"访问作业"。例如，一位来心理咨询的小学生想要交朋友，但又常常没有同学要跟他玩，我便会请他去观察：班上最会交朋友的同学都是怎么做的，再与他讨论他可以怎么做。

观察作业可以应用的范围最广，也最不容易引起孩子的敌意。又例如，一个老是抱怨老师教得有多差劲的学生，我请他去观察老师教得有多烂。而且，因为我要知道老师到底哪里教得烂，所以孩子必须具体陈述，而非只停留在抱怨。这样一来，孩子就必须得专心上课，才能回答我交付的挑战任务，也因为专心上课，他自然就会发现，老师有时教得确实不好，但也有教得好的地方，自然就会比之前专心上课了。因为孩子会抱怨老师教得不好，通常会“卡住”情绪。情绪一来，不管老师教得怎样，他通通都不听。这个观察作业，既同理了孩子的情绪，又可以将孩子的注意力放回对上课的专注力上。

延续观察作业是访问作业。有时，我们与孩子的对谈很容易让孩子觉得我们是“大人”在“老生常谈”。与其这样，倒不如让孩子去访问同侪，这样他会觉得客观一些。

例如，上述吴刚的例子。我请他从他认识的人当中找 10 个人访问，可以找班上同学、补习班同学、老师、父母、一起打球的朋友……问的问题就是：“你会不会有时感觉寂寞？”这样再咨询时，他就很开心地告诉我原来我没有骗他。访问之后他发现每个人都会有感觉寂寞的时候！之后，我请吴刚再进行一次访问作业，只是这次的内容是访问别人都是怎么处理寂寞的，如此一来，吴刚不但学习了其他人的方法，也通过那一过程看到自己原来用的方法需要修正。再与他讨论有哪些方法是他可以做的，烦恼自然迎刃而解。

前述的小芬，她所做的作业类型是“无互动作业”，也就是不需要和人产生互动，自己就可以完成的作业——写一封信给妈妈。然而完成这封信之后，她需要进入“仿真作业”——与助人者讨论与模拟交给妈妈这封信的过程，以及可能需要注意的事项。之后进入“行动作业”——也就是鼓励小芬将信亲手交给妈妈，来解决她和妈妈之间的亲子问题。

挑战任务为何有效

在没有接触 SFBT 之前，我也同大多数父母一样，在给来找我咨询的孩子布置家庭作业时，总是战战兢兢。因为受到“永不放弃”“不找借口”等观念的影响，当他们答应做作业却没有完成的时候，我必须毫不放松地与他们不停讨论与修正作业，直到被执行。而心理咨询又强调“不要因为咨询对象没有执行挑战任务而惩罚他”。我发现在实际运用中，每当孩子告诉我他没有做答应完成的家庭作业，我总需要在心中深深地吸一口气，并且赶快注意我的音调与表情，因为很担心这样的失望对于在乎大人感受的孩子也是一种“惩罚”。

然而，当我接触了 SFBT 之后，我惊喜地发现，SFBT 的任务或称家庭作业并不是以最后的执行结果为标准。我们要关心的是孩子通过这个过程所带来的改变。因为“改变总是在发生”，当我请孩子执行任务时，接下来的检核重点并不在有没有做，而在于“透过这个挑战任务，你改变了什么”。我发现，当我把注意力放在“改变的过程”而非执着于“有没有执行”时，我也更能够欣赏孩子为他们自己所做的一切改变。

Tips

心理咨询中的家庭作业与学校留给孩子的家庭作业不同。学校的家庭作业一定要被执行与完成；而 SFBT 将家庭作业视为一种改变的触发与过程，因此完成与否并非最后的目标，改变才是我们想达到的最后目标。

布置家庭作业（任务）SKILLS

1. 为了建立孩子的成功经验，任务需要从简单的开始，选择比较容易成功的任务先做。

2. 让孩子挑战的任务，必须符合孩子的经验与需求。

3. 一定要与孩子讨论，而非大人单方面决定孩子需要做什么任务。少了此过程，往往会发现孩子其实不想做但又碍于与你的关系或是在担心权威的状况之下勉强答应，最后他还是不会做，甚至根本记不得要去做。

最后要提醒父母的是：不要紧盯着孩子是否完成任务，而要通过这个过程促发或延续改变。任务并不一定要做，但若是能够找到孩子愿意做也能帮助他的挑战任务，必能产生更好的成效。

即学即用 ABC

如果孩子想当班长或想接受其他挑战，和孩子一起设计一连串的挑战任务，并记录下来。

1. 观察作业：观察班长需要具备什么条件。

____

2. 访问作业：访问老师如何挑选班长。

____

3. 无互动作业：写出自己胜任班长的条件有哪些。

____

4. 仿真作业：带着自己的自我推荐信，和父母练习一遍要如何跟老师毛遂自荐。

____

5. 行动作业：带着自己的自我推荐信，去向老师毛遂自荐。

____

孩子可以挑战的事情不止一件，根据孩子的情况，按照上面的方法，帮助孩子完成挑战。

暂停 未结束

在使用 SFBT 中，有一个很重要的内容是“休息阶段”。休息指的是在一次心理咨询（一般在 60 分钟左右）的大约 40 分钟后，心理咨询师会暂停 5~10 分钟，再与咨询对象进行最后的回馈。

休息的意义在于让咨询对象可以沉淀、整理咨询过程。这个时间是双方都暂停休息的时间，心理咨询师离开现场与协同小组讨论 5~10 分钟后再回来，由心理咨询师提供回馈、赞美，也可以布置任务。通常咨询对象经过休息，注意力会更加集中，同时也会更投入谈话与期待受到回馈。

阅读此书至尾声的你是否也要给自己一些时间沉淀，让自己从书中的案例中获得一些对自己的生命或教养不同的体会与发现？

最初动念写这本书，是因为我在台湾出了一本将 SFBT 应用于儿童与青少年工作的专业书籍。我发现，自从学习焦点解决之后，无论对于工作、婚姻以及亲子教养，它都实在是一个很值得推广的好方法。2012 年因为先生调职北京之故，我有机会带着孩子到北京来读书，进而见到许多父母与老师虽对孩子很关心，但对于该如何着手与深入帮助孩子，还处在一片迷雾之中，不得其法，甚是可惜。

在一次心理咨询中，小玉母亲的合作让我对 SFBT 的推广应用有了更深的思考。

小玉的母亲是一个辛苦的职业妇女。她第一次来找我进行心理咨询时，面露沮丧，见面的第一句话就是问我："老师，我是不是不适合带孩子？我是不是一个很失败的母亲？"细细询问之后发现，引起这次事件的主角是她就读高二的女儿小玉。小玉在上个月忽然对家里人宣布她再也不要去上学了，因为上学对她以后的人生没有帮助，她要去打工赚钱，早点儿独立！

我询问家里的其他成员对于这件事情的看法与处理，小玉的妈妈告诉我，他们刚开始都以为小玉只是随便说说，也不以为意，但是小玉说完话的第二天，就真的不愿意去上学了。她的父亲在气急败坏的状态之下，痛打了小玉一顿，本以为如往常般地教训教训孩子就应该没事了，没想到，小玉还是不去上学。小玉妈妈对我说："我们这么辛苦地工作，不就是指望着孩子有出息吗？现在她连学都不上了，我们该怎么办呀？"说到这儿，她心酸地流下了眼泪。

当时，我先使用一般化句子——"我见过许多孩子在这个阶段都会想要早点儿独立做大人！有时候会忽然就不想上学了"，降低小玉妈妈对于孩子不上学的紧张感。

同时，使用因应问句——"孩子这种状态已经持续好几天了，你虽然被孩子伤透了心，却还是很愿意为了孩子来寻求专业咨询，对于这点，我特别的佩服"，稳住她的能量。

接着，我带领着她看到这整件事情背后的善意，包括：孩子想要独立，很有现实感，不上学是想工作，并非游手好闲……

当小玉的母亲能够看见事情的不同面向时，她对小玉想提前工作的事情就不再持那么绝望与绝对的看法了（认为孩子一定要读书才有出息）。

于是，她回去可以平心静气地和小玉商量休学工作的事。同时，我也在之后几次的心理咨询中教导小玉的母亲如何回去使用“目的”“方法”与“代价”和小玉讨论以她现在的年纪可以找到什么工作，赚多少钱，以及使用奇迹式问句了解小玉的未来愿景是什么——她未来想要赚多少钱？将来想要什么样的人生？

小玉妈妈在最后一次心理咨询时告诉我：“本来都已经做好心理准备让小玉休学去工作，也说服先生别再用打骂的方式来管教孩子，不料事情却突然有了转圜的余地……”小玉在母亲温柔而得当的陪伴下，竟然主动体贴起母亲的心情，告诉妈妈：“如果我这么做会使您伤心，我想我可以等到大一点儿再出去工作，这样还可以挣比较多的钱！”这件事情以欢喜收场……

态度永远优于技巧

另一个常见的状况是许多学习 SFBT 的人，只是使用其中的一些技巧，但是他们的态度与思维还是原来的“问题导向”，自然与孩子谈话的过程中也不易达到预期成效。其实，在 SFBT 中，态度永远优于技巧。

知名歌手“洛克先生”萧敬腾，接受台湾著名的亲子杂志《亲子天下》的访问时表示，当年在不知道自己有阅读障碍[1]的状况下，只觉得书怎么也读不好，永远被归类为“不及格的坏学生”。这个困境不但差点抵消掉他所有的才华，还让他逃学打架、抽烟、逃家挑衅，变成了一个自己与大家眼中的“讨人厌的坏孩子”！不过，幸好，他遇到了少辅组[2]的工作人员，他们对待他的方式，不是只“纠正”他的行为，还一直制造机会给他，甚至找到经费给他买了一套爵士鼓，让萧敬腾可以教人打鼓，还因此帮他报名参加台北“善心人士奖”，让他不断获得肯定。更重要的是，让他从此知道原来自己可以不是社会的负担，也可以帮社会做事。萧敬腾最后表示：“像少辅组这样跟他们不同世界，但是又可以不带偏见、愿意走入他们世界的人，是很重要的。”

我看到这篇访问稿时，心中充满感动，少辅组的工作人员当初在与萧敬腾互动的时候，除了不预设立场，能够注意到他好的面向之外，同时付诸行动，帮助找到他马上就能做的事，让他增加了生命中的成功经验。也许，他们不一定知道或学习过 SFBT 的技巧，但我在他们身上看到的是真真实实的 SFBT 的基本精神与态度！

1　由于大脑综合处理视觉和听觉信息不能协调而引起的一种阅读和拼写障碍。要特别注意的是，它和智力低下引起的阅读障碍不同，相反很多患者都是智商极高者，甚至包括天才，像达·芬奇、爱迪生、爱因斯坦等在儿童时代都是公认的“笨孩子”，最后科学家发现他们都属于阅读障碍症的典型例子。

2　台湾地区为有行为偏差的少年安排的辅导服务人员。

相信孩子，与孩子一起成长

在一个宁静的下午，我陪着女儿剪纸，女儿拿着说明，我对她讲解之后，她行动。在一个比较困难（我认为）的步骤讲解完后，我跟女儿说：“这个比较难！”女儿却坚定地回答我：“我行。”我在那一刻，感受到她从小小身体里散发出的大大力量。我静静地看着她往下做，发现她做得比我想象得还好！我也发现当我只注意到：锋利的剪刀会不会伤到孩子时，就看不见孩子的能力，这真是让我上了重要的一课（孩子是解决自己问题的专家）。

随着这本书一章章地完成，不同当事人的脸庞在我脑中浮现，我和两个孩子的互动一幕幕出现，与他们的相处也历历在目，我更加明白，这本书对于我不只是经验的记录，更多的是他们用生命教会我的态度与技巧，那些动人的时刻，才是我这 10 多年来，对于第一线心理咨询工作孜孜不倦的最大支柱。

父母是一个一辈子的工作，打从孩子呱呱坠地的那一刻，我们就踏上了这段不悔的旅途，而我的孩子也不断让我体验到：做父母的永远都要提醒自己，也永远都需要学习。

所以，这本书虽然已近尾声，但并不是结束，而是暂停的“休息”阶段。对我这个喜爱运用 SFBT 的工作者而言，也是个暂停、休息！将我 10 多年实务工作的感想借着此书形成回馈。感谢所有教导、启发我的老师，一起学习、滋润的同侪和好友，支持我的家人，以及在心理咨询工作中与我相遇的咨询对象与心理咨询师。这本书里有你们无比珍贵的“回馈”！

在阅读此书时，您是否也惊讶地发现书中好多的情节似曾相识？好多的对话也曾经出现在您生活中的某个片刻？

若是，那么SFBT确实存在于您的生命与生活当中，您也已走在了SFBT的路上。同时，我不禁想问您——您是怎么做到，让它存在于您的生活中？

若否，我要说："欢迎您，一起使用SFBT的视野来看待我们的孩子！"

无论您属于哪一种读者，请让我们一起享受SFBT在您生命中的动人时刻与力量，一起与孩子发现您与他们生命的曙光！

感 谢

仅以此书感谢我的咨询对象（书中所有当事人的名字均为化名）。谢谢你们愿意开放与改变自己，让我进入你们的生命，分享你们生命的珍贵和可敬之处。

谢谢在写书期间帮助过我的家人和朋友，他们是郑惟仁、郑安哲、郑安淇、康金贵、陈天钧、黄淑惠、陈仲侃、洪雅惠、陈宥均、陈柏谚、郑幸治、赖贵美、王圣淂、洪维阡等。没有你们的帮助，也不会有这本书的出版。

这本书中没有艰深的理论，更多的是通过真实的案例和实用的技巧来呈现如何在家庭中使用焦点解决法（SFBT）与孩子互动，目的是希望帮助所有的父母与孩子相处得更有方法、更愉快，拥有温暖良善的亲子关系！

意文于 2015 台湾